COACHING TE REVELA

Andréia Roma
[coordenação]

1ª edição

Editora Leader

São Paulo, 2017

Copyright© 2017 by Editora Leader
Todos os direitos da primeira edição são reservados à **Editora Leader**

Diretora de projetos: Andréia Roma
Diretor executivo: Alessandro Roma
Gerente comercial: Liliana Araujo Moraes
Atendimento: Érica Ribeiro Rodrigues

Projeto gráfico e diagramação: Roberta Regato
Capa: Designcrv
Revisão: Miriam Franco Novaes
Impressão: Forma Certa

Dados Internacionais de Catalogação na Publicação (CIP)
Bibliotecária responsável: Aline Graziele Benitez CRB8/9922

C581   Coaching te revela / (Org.) Andréia Roma. – 1. ed. --
São Paulo: Leader, 2017.

ISBN: 978-85-66248-87-6

1. Coaching. 2. Desenvolvimento pessoal.
3. Habilidades. 4. Liderança. 5. Carreira profissional.
6. Aprendizagem organizacional. I. Título.

CDD 658.3124

Índice para catálogo sistemático: 1. Coaching 658.3124

EDITORA LEADER
Rua Nuto Santana, 65, 2º andar, sala 3 - Jardim São José, São Paulo - SP
02970-000 / contato@editoraleader.com.br
(11) 3991-6136

"Agiremos mais ecologicamente, seremos mais centrados, mais abertos, mais despertos, mais conectados e mais capazes de sustentar toda esta dinâmica."

Robert Dilts - EUA

ÍNDICE

Prefácio 6

Introdução 9

O coaching e suas revelações 11

Perguntas constantes de um *coach* 12

1. COACHING AUTORAL
Andréia Roma 15

2. O PODER DA GRATIDÃO
Ana Agua Nova 25

3. NAVEGANDO NAS INCERTEZAS DA VIDA
Darcy Paulino Lucca Junior 35

Perguntas constantes de um *coach* 44

4. DE VÍTIMA A RESPONSÁVEL
Ligia Feitosa 47

5. DOMINE SUAS FINANÇAS COM O COACHING E APROVEITE MAIS A VIDA
Luciana Fiaux 59

6. COACHING NO TERCEIRO SETOR
Márcio Prado 69

Perguntas constantes de um *coach* 84

7. NOSSAS CRENÇAS, NOSSAS PERCEPÇÕES, NOSSOS RESULTADOS
Mario Rondon 87

8. DESENVOLVENDO HABILIDADES, MOTIVANDO TALENTOS
Rafael Mendes 95

9. COACHING COM PNL NO PROCESSO DE RESSIGNIFICAÇÃO DE CRENÇAS
Roberto de Oliveira 105

10. PESSOAS QUE TRANSFORMAM NEGÓCIOS: INFLUÊNCIAS DO COACHING NA GESTÃO DE PESSOAS
Vânia Aquino 117

Perguntas constantes de um *coach* 126

PREFÁCIO

Conta-se que certa vez um *coach* foi para a escola de circo para "modelar" os talentos dos circenses. Observou e apreciou a habilidade de um homem que equilibrava, no alto das varas, vários pratos girando ao mesmo tempo. Curioso, perguntou como era possível manter tudo em equilíbrio. O talentoso artista respondeu: "Quem disse que estou equilibrando? Suposição sua".

O *coach* não desistiu, pois sabia que havia algo ali para transmitir a seus clientes e pediu uma explicação maior. "Você vê algum equilíbrio aqui?", disse o circense. "Tudo está prestes a cair e somente fica no ar porque dou uma atenção constante".

Para a maioria das pessoas, o processo de Coaching começa exatamente com a constatação da impossibilidade de manter tudo em equilíbrio, o que pode gerar confusão, ansiedade, estresse, entre outros estados emocionais.

No entanto, o foco na transformação pessoal é diferente de uma postura reativa. Em vez de focar nas deficiências e nos meios de eliminá-las, o processo de Coaching propõe uma relação consciente e positiva com cada área da vida. Assim, é possível não só ter energia o suficiente para encarar grandes mudanças, mas também para dispor de fontes de inspiração para escolhas que podem levar à plena realização.

Por um instante pense na vida como uma mesa de jantar: você já se serviu e

Arline Davis

perguntam se quer repetir o prato. A resposta educada, neste caso, não é "não, obrigado, estou satisfeito". Não se trata, aqui, de se ter o suficiente. A intenção é te levar em direção à realização pessoal.

Se você ousasse querer o que realmente o realiza, o que realmente o deixa pleno, qual seria seu estado desejado? Você sente que tem permissão para se realizar? Surge algum julgamento negativo quando você pensa naquilo que realmente quer? Você se julga ambicioso, ganancioso, ingrato etc., por querer se realizar?

Às vezes, é necessário investigar mais a fundo, penetrando nos cantos mais remotos da mente para encontrar as objeções internas a uma realização pessoal. É exatamente isso que faz o Coaching: cria consciência, potencializa a escolha e cria a possibilidade de mudanças generativas, liberando o potencial pessoal para maximizar o desempenho.

Este potencial já existe dentro de cada um. O Coaching apenas revela, traz à tona e possibilita que exploremos ao máximo esse potencial criativo, intelectual e emocional, criando um cenário favorável à concretização do estado desejado – tanto na área pessoal quanto na profissional.

Coaching não transforma, ele revela tudo aquilo que já existe dentro de você, só esperando para ser despertado e utilizado a serviço do seu sucesso e sua felicidade.

INTRODUÇÃO

Shirzad Chamine, autor do livro "Inteligência Positiva", diz que a mente humana pode ser tanto nossa melhor amiga quanto nossa pior inimiga. Segundo ele, é ali, na mente, que está a explicação para a maioria dos fracassos: nossa própria mente nos sabota.

A boa notícia é que, além dos sabotadores, cada um de nós tem também o sábio, que tem acesso a todo conhecimento, discernimento e aos poderes mentais inexplorados. Para ele, o segredo da excelência está em enfraquecer os sabotadores e fortalecer o sábio.

Nesse sentido, o processo de Coaching tem como um dos seus principais objetivos despertar o potencial humano, promovendo a libertação interior e a evolução pessoal. Por essa razão, apoia-se na maiêutica socrática, uma técnica que consiste em fazer perguntas que motivam a reflexão, geram alternativas e estimulam a ação.

A partir dessa técnica, Sócrates possibilitava a seus alunos o conhecimento de si mesmos. No processo de Coaching, o profissional *coach* apoia seu *coachee* no percurso do mesmo caminho, de modo que ele encontre suas respostas e faça as escolhas que melhor o colocarão na direção dos seus objetivos, seja na vida pessoal ou na carreira.

É por essa razão que o *coaching* não transforma ninguém, mas sim revela a essência de cada um, evidenciando o que cada ser traz de melhor dentro de si.

Em outras palavras, o *coaching* ajuda a acessar o sábio, aquela parte mais profunda e inteligente que há em você, que tem todas as respostas e sabe exatamente o que precisa ser feito para que você concretize seus objetivos e atinja o mais alto nível de excelência em todas as áreas da vida.

Ao longo das próximas páginas, você terá acesso a dicas, estratégias e histórias pessoais que servirão de inspiração à mudança. Cada coautor, ao compartilhar um pouco da sua experiência, também te convida a percorrer essa jornada de descoberta pessoal.

Boa leitura!

O COACHING E SUAS REVELAÇÕES

O que é Coaching?
Coaching é uma metodologia, um processo orientado ao futuro, com objetivo ao alcance de metas.

O que não é Coaching?
Terapia, consultoria, aconselhamento e mentoria.

O que um *coach* faz?
O foco principal do trabalho de um *coach* é entender e mapear o estado atual apresentado para o seu cliente e contribuir para seu desenvolvimento e alcance dos resultados esperados.

O que faz um profissional procurar o *coaching*?
- Superar seus desafios
- Desenvolver pessoas
- Ser promovido em sua carreira
- Abrir um negócio
- Liderar
- Emagrecer
- Desafiar-se
- Um emprego
- Melhorar seus relacionamentos.

PERGUNTAS CONSTANTES DE UM COACH

O que você quer?

O que você pode
fazer a respeito?

Como pode conseguir isso?

Andréia Roma

É fundadora e diretora de projetos da Editora Leader, com mais de dez anos de experiência na área de vendas e no mercado editorial, com forte atuação nas áreas de *marketing* editorial, consultoria e vendas. *Master coach*, mentora e *master* em PNL, certificada por vários institutos no Brasil.

Está sempre em busca de conhecimento em diferentes áreas do desenvolvimento humano, com foco em criar e apresentar novos projetos para o mercado. Premiada pelo RankBrasil pela criação e publicação do livro "Segredos do Sucesso", obra para a qual organizou uma estrutura para 105 presidentes e diretores da Alta Gestão, que participaram com suas histórias de sucesso. Recomendada e parabenizada pelo trabalho executado em uma de suas obras pelo apresentador Jô Soares em rede nacional, recomendada e parabenizada pelo trabalho executado em uma de suas obras pelo apresentador Faustão em rede nacional, recomendação em um dos livros idealizados pela revista Você S/A entre os 12 melhores livros de negócios, carreira e empreendedorismo para se ler em 2016. Além de conduzir a Editora Leader na criação de vários projetos, dedica-se a projetos que visam apoiar novos escritores, entre eles artistas, *coaches*, empresários, executivos, educadores e demais profissionais que desejam ampliar seus horizontes e alçar voos mais altos em suas carreiras.

(11) 3991-6136
andreiaroma@editoraleader.com.br

COACHING AUTORAL

Desperte seu potencial para escrever e revele através do Coaching o escritor dentro de você!

Quando o assunto é escrever e publicar um livro, as pessoas costumam encontrar diferentes desafios. Algumas dizem não ter tempo para escrever. Outras, que não sabem como começar; e há aquelas que ainda não se apoderaram do lugar de escritor.

Independente do momento em que você se encontre atualmente, saiba que um processo de Coaching pode ser de grande ajuda. Além de possibilitar a definição da estrutura da obra e a organização de um cronograma de trabalho, o Coaching proporciona aquilo que, na minha opinião como editora, faz toda diferença na carreira de um autor: autoconhecimento.

Muitas pessoas acham que para escrever um livro basta sentar diante do computador e começar a digitar, mas isso não é verdade. Antes de escrever a primeira linha é necessário um intenso trabalho de preparação que, além de experiência e pesquisa sobre o assunto a ser abordado, demanda também autoconhecimento e desenvolvimento de importantes habilidades.

Pensando nisso, ao concluir recentemente a formação em Análise de Perfil Extended Disc®, resolvi desenvolver uma avaliação totalmente voltada àqueles que desejam construir uma carreira sólida como autores.

A essa ferramenta dei o nome de Jornada do Autor e este capítulo tem por objetivo revelar alguns aspectos do teste, bem como mostrar como o Coaching pode ajudar na superação dos desafios que te impedem de escrever e publicar seu livro.

O QUE FAZ UM *COACH* AUTORAL

Ao longo da minha experiência no mercado editorial, vi muitos profissionais paralisarem diante da ideia de escrever um texto. Palestrantes acostumados a falar diante de uma enorme plateia simplesmente tremem ao receber um convite para publicar um livro, seja como autor ou coautor.

Em geral, há dois fatores que contribuem para esse cenário: (1) o desconhecimento da sua identidade como autor e (2) o não desenvolvimento de algumas competências.

Depois de ver muitas pessoas adiando e até desistindo do sonho de publicar um livro, resolvi fazer algo para mudar essa situação. Reuni todo o conhecimento adquirido nas formações em Coaching e PNL de que participei, e também minha experiência como editora, e desenvolvi um processo de desenvolvimento pessoal que tem por objetivo orientar escritores (iniciantes ou não) a construir uma carreira sólida como autores.

Em média, esse processo tem duração de três meses, ao longo do qual é estabelecida toda a base para que o escritor possa construir sua carreira. Veja que não estou falando apenas de escrever um livro, mas sim de edificar uma carreira e, consequentemente, um negócio em torno de uma mensagem.

Para tanto, autoconhecimento é de suma importância, pois o profissional vai trabalhar na construção ou lapidação da sua imagem, de modo a criar autoridade e tornar-se referência no mercado em que atua.

Além disso, o processo de Coaching Autoral visa também apoiar a estruturação da mensagem central que o profissional deseja comunicar, de modo a estabelecer um vínculo com o público e, por consequência, transformá-lo em leitores e clientes.

Há pessoas que não se consideram especialistas ou detentoras de algum conhecimento que valha a pena ser colocado em um livro. Se esse é o seu caso, repense! Todos nós temos experiências de vida, aprendizados que acumulamos ao longo dos anos e que, se compartilhados, podem inspirar outras pessoas e transformar vidas.

É isso que o processo de Coaching Autoral oferece aos escritores: traz à tona o que há de melhor dentro de si, despertando talentos e potenciais adormecidos que, se desenvolvidos e bem aproveitados, transformam-se em um patrimônio intelectual imenso que pode ser disseminado através da escrita.

COACHING TE REVELA

SUA IDENTIDADE COMO AUTOR

Na Programação Neurolinguística, a pirâmide dos níveis neurológicos mostra as diferentes formas pelas quais uma pessoa pode se expressar e existir no mundo. Por essa razão, constitui uma poderosa ferramenta de reflexão e possibilita a estruturação da mudança que se deseja efetuar nas diferentes áreas da vida.

Nessa pirâmide, a identidade constitui um dos níveis mais altos e dá a ideia de quem a pessoa realmente é em sua essência. Ao separar o comportamento da identidade, a PNL entende que uma pessoa é muito mais do que ela faz e, por isso, não rotula ou emite julgamento de valor.

Nesse sentido, ao longo do processo de Coaching Autoral o *coachee* é convidado a definir sua identidade como autor e, a partir daí, formular a mensagem central que vai refletir sua essência e, consequentemente, impactar seus leitores.

Para você ter uma ideia da força e importância da identidade, vamos analisar um exemplo muito recente que ocupou as manchetes dos principais jornais do mundo.

Cleveland, 18 de julho de 2016, Convenção Nacional do Partido Republicano. Melania Trump sobe ao palco e fala ao povo norte-americano sobre as razões pelas quais seu marido, Donald Trump, deveria ser o próximo presidente dos Estados Unidos.

Ao falar de sua infância, diz: "Desde muito jovem, meus pais me passaram os valores de que se trabalha duro pelo que se quer na vida, que sua palavra é sagrada e que se trata as pessoas com respeito". Mais adiante, diz: "Porque queremos que nossas crianças nesse país saibam que o único limite de nossas conquistas é a força dos seus sonhos e sua disposição de trabalhar por eles".

Tudo isso soaria perfeitamente normal, não fosse a imediata relação feita com o discurso de Michelle Obama que oito anos antes estivera na mesma posição defendendo a candidatura de seu marido para o mesmo cargo.

Na ocasião, disse Michelle: "Barack e eu fomos criados com muitos dos mesmos valores, como trabalhar duro para o que você quer na sua vida. Que sua palavra é sagrada e que se deve cumprir o que promete, que se deve tratar as pessoas com dignidade e respeito". E, mais adiante, diz também: "Nós queremos que nossas crianças e todas as crianças neste país saibam que o único limite para seus objetivos é o alcance dos seus sonhos e a disposição de trabalhar duro por eles".

Claro que não demorou muito para que a polêmica viesse à tona e começassem as acusações de plágio. Longe de discutir se houve cópia ou não, o que quero discutir aqui é a construção da imagem de Michelle Obama.

Ao longo dos oito anos em que ocupou a Casa Branca, Michelle consolidou sua imagem como defensora da educação, dos valores morais e da família. Além disso, seu discurso sempre esteve alinhado às suas ações, haja vista os diversos projetos sociais que iniciou ou apoiou.

Nesse sentido, a identidade da ex-primeira dama norte-americana foi construída em torno desses valores e sua força foi tanta que ela chegou a ser cogitada para disputar as eleições. Assim, quando outra pessoa começa a reproduzir um discurso tão fortemente ancorado na imagem de Michelle, nada mais natural que ela surja imediatamente como referência.

Como autor, você deve ter como meta a construção dessa imagem, de modo que seu discurso reflita seus valores e sua essência. Para isso, é essencial definir sua identidade.

Assim, antes de escrever qualquer coisa, responda às duas perguntas a seguir:

"Como você quer ser lembrado?"

"Que mensagem você quer transmitir aos seus leitores e deixar como legado às futuras gerações?"

Quando tiver as respostas, escrever seu livro será muito fácil. Tudo o que você vai precisar é desenvolver algumas competências básicas e se organizar para cumprir essa tarefa com sucesso.

SUA JORNADA COMO AUTOR

Como já mencionado, a ideia de criar esta ferramenta surgiu ao longo da formação Análise de Perfil Extended Disc®. Meu objetivo é que este teste promova autoconhecimento e seja o ponto de partida de uma jornada que culminará não só na publicação do seu livro, mas também, e principalmente, na estruturação de uma carreira e um negócio sólido em torno da sua mensagem.

Ao fazer o teste, seu nível de autoconhecimento vai aumentar consideravelmente, uma vez que você vai descobrir seu estilo pessoal, seu estilo de comunicação, os fatores motivacionais que impulsionam suas ações, como você toma decisões etc.

Além disso, no que diz respeito às principais competências comportamentais ligadas à Carreira de Escritor, esta ferramenta não faz uma avaliação da capacidade, mas da facilidade de realização, possibilitando a construção de um plano de ação individual para desenvolvimento pessoal.

Vejamos a seguir uma breve explicação de cada uma dessas competências.

1) **Criatividade e imaginação:** diz respeito ao desenvolvimento de originais e enredos interessantes, bem como personagens ou ideias que gerem histórias, sejam elas de ficção ou não ficção.

2) **Perspicácia social:** está relacionada à capacidade de observar e entender como as pessoas reagem a certas ideias, para que possa se conectar com seus leitores e oferecer conteúdo que atenda as necessidades e demandas do seu público.

3) **Comunicação:** diz respeito à habilidade de transmitir ideias e conceitos de forma clara e objetiva, bem como demonstrar emoções e sentimentos através da escrita.

4) **Influência e *networking*:** relaciona-se à capacidade de se conectar com as pessoas, de modo a persuadi-las com suas ideias ou pontos de vista, bem como influenciá-las a sentir de determinada forma acerca de uma situação, pessoa ou assunto.

5) **Determinação pessoal:** diz respeito à autodisciplina para transformar ideias em resultados concretos, controlando cada atividade, lidando com imprevistos, visando manter o compromisso pessoal da entrega no padrão de qualidade e prazos combinados.

6) **Ensinabilidade:** relaciona-se à capacidade de aprender com os próprios erros, buscando constante aperfeiçoamento e evoluindo em seu trabalho; tem a ver também com a disposição para receber *feedback* e enfrentar dificuldades como parte do processo de lapidação do talento.

7) **Análise crítica:** está relacionada à habilidade de realizar pesquisas, levantando novos conceitos e assuntos que, posteriormente, podem ser transmitidos de forma mais acessível a seus leitores através da escrita.

8) **Planejamento:** diz respeito à gestão do tempo, definição de cronograma de trabalho e perseverança para atender os prazos estabelecidos, sejam eles longos ou apertados.

9) **Organização:** tem a ver com a capacidade de definir temas e estruturá-los

em um texto, bem como selecionar recursos e ferramentas que viabilizem todo o processo de transformar ideias em um livro.

No processo de Coaching Autoral, os resultados da análise de perfil permitem a identificação do estilo pessoal e comportamental, privilegiando a identidade do *coachee*, ou seja, quem ele é como autor e que mensagem ele deseja transmitir ao mundo através do processo de escrita.

CONCLUSÃO

Considerando o título deste livro "Coaching te revela", no que diz respeito à carreira de escritor, o processo de Coaching Autoral realmente revela aquilo que já existe dentro de você.

Há um ditado que diz: "Ninguém pode dar aquilo que não tem". Se você alimenta o desejo de escrever um livro, acredita que há algo em sua mensagem que pode fazer diferença na vida de alguém e contribuir com a construção de um mundo melhor, isso significa que um escritor já vive dentro de você.

Agora, basta abrir espaço para que ele se manifeste. Para isso, o processo de Coaching Autoral e o teste Jornada do Autor podem contribuir consideravelmente, apoiando sua jornada de autoconhecimento e descoberta pessoal, bem como identificando as competências a serem desenvolvidas para que você seja um autor publicado e bem-sucedido.

REFERÊNCIAS BIBLIOGRÁFICAS

READY, Romilla; BURTON, Kate. Programação Neurolinguística para leigos. Capítulo 11: Mudando os níveis lógicos. Rio de Janeiro: Alta Books, 2009.

ROMA, Andréia; BARROS, Ana Valéria de (Org.). Coaching & análise de perfil: conhecendo a si mesmo e alcançando resultados. São Paulo: Leader, 2016.

Mulher de Trump é acusada de plagiar discurso de Michelle Obama de 2008. Reportagem do G1 disponível em http://g1.globo.com/mundo/eleicoes-nos-eua/2016/noticia/2016/07/melania-trump-e-acusada-de-plagiar-discurso-de-michelle-obama-em-2008.html

Ana Agua Nova

Natural de Dracena, estado de São Paulo, é Relações Públicas formada na Unesp/Bauru e pós-graduada em Marketing pela ESPM, atua como gerente de *marketing* há oito anos.

Iniciou o caminho do desenvolvimento humano tornando-se treinadora Comportamental no IFT, do prof. Massaru Ogata, e fez formação em Hipnose pelo IBFH.

Neste processo de aprimoramento tornou-se máster em PNL pela SBPNL e *coach* pelo ICI. Mais recentemente tornou-se terapeuta Renascedora pelo Ibrare e agora cursa Expansão de Consciência no Instituto Tadashi Kadomoto.

anaaguanova@hotmail.com

2

O PODER DA GRATIDÃO

"A gratidão é não apenas a melhor das virtudes, mas a mãe de todas as outras." Cícero

A palavra gratidão deriva do latim *gratia*, que significa "favor", e *gratus*, que significa "agradar" (1). Todas as derivações da palavra estão relacionadas com a bondade, a beleza de dar e receber, de partilhar, de ser gentil, generoso, de retribuir (1). A gratidão é um estado de espírito, virtude moral, um hábito, ou, tão simplesmente, um modo de viver (1). Algumas pesquisas sugerem que sentimentos de gratidão podem ser benéficos ao bem-estar emocional (2) e nas pessoas que são agradecidas os acontecimentos de vida têm pequena influência (3), então podemos concluir que a gratidão tem um papel muito importante em nossas vidas.

Então, pensando no poder que a gratidão tem nos acontecimentos da nossa vida, o que ela tem a ver com Coaching? Em todo processo de Coaching, independente da metodologia utilizada, temos como premissa básica a busca por um estado desejado, por um objetivo, por uma mudança, utilizando dos seus recursos para isso, mas no meio do caminho obstáculos aparecerão, e como você irá lidar com eles é que fará toda a diferença.

Os obstáculos podem ser internos ou externos, mas como você irá enfrentá-los será sua escolha, lembrando que sua forma de agir ou reagir é o que irá te aproximar ou te afastar do seu objetivo. Nesse processo o seu *coach* poderá te ajudar a escolher caminhos diferentes utilizando todos os recursos necessários, pois acredito no pressuposto da PNL de que "as pessoas já possuem todos os recursos de que necessitam".

Conheço pessoas que desistem dos seus objetivos por não se sentirem capazes de lidar com os obstáculos que enfrentam no processo de mudança, mas também conheço pessoas que encontraram maneiras de lidar com esses obstáculos de forma positiva, com atitude, utilizando os recursos que têm e focadas no resultado que desejam, e é delas que quero falar. Quais foram as atitudes e comportamentos que fizeram a diferença para essas pessoas? Posso listar várias, mas a que mais me chamou a atenção foi a gratidão!

Todos já passamos por diversas crises de transformação durante a vida, crises de transformação podem ser doença, perda de emprego, morte, falta de dinheiro, separações, entre outras. Pare e pense: quais foram os seus sentimentos em momentos como esses que exemplifiquei? Tenho certeza que os primeiros sentimentos de que você conseguiu se lembrar foram raiva, medo, tristeza, revolta, isso porque se utilizou dos recursos que dispunha naquele momento justamente por estar vivendo uma crise.

Nessas situações geralmente não paramos para pensar em nossos recursos, mas quando falamos de um processo de Coaching algumas crises de transformação certamente acontecerão. A diferença é que durante o processo de Coaching quando você enfrentar um desafio seu *coach* irá ajudá-lo a identificar os recursos existentes em você para enfrentar e encarar os desafios.

Usamos perguntas poderosas para te convidar a refletir sobre os seus progressos ou "fracassos" e uma das principais perguntas que fazemos durante o processo de implementação das metas é: "Quais recursos, habilidades e novos comportamentos você necessita para realizar o que deseja? É muito importante reconhecer esses recursos, comportamentos e habilidades, literalmente sentindo e se empoderando deles para utilizá-los com uma poderosa ferramenta".

Refletindo sobre os recursos que mais escuto dos meus *coachees* percebi que muitos mencionam resiliência, paciência, coragem, entre outros, para enfrentar os obstáculos, mas alguns em especial mencionam gratidão como principal recurso.

Ao buscar o melhor significado de gratidão aprendi que ela é uma recognição abrangente pelas situações e dádivas que a vida lhe proporcionou e ainda proporciona (4). Sendo assim, se a gratidão é reconhecer de forma abrangente as situações que a vida nos proporciona, por que só a usamos quando nos é conveniente ou única e exclusivamente para agradecer pessoas por algo que nos fizeram? Temos que refletir por que não podemos ter gratidão por um aprendizado que tivemos ou por um desafio que superamos e ainda termos gratidão por nós mesmos. Cada um de nós descobrirá quais são os motivos que nos levam a fazer aquilo que fazemos, e meu convite aqui é olhar para a gratidão como um importante recurso.

Quando falo sobre a gratidão como um poderoso recurso dentro do processo de Coaching, você pode achar que estou sendo Pollyanna (5) demais ou convidando as pessoas para jogar o jogo do contente. Longe disso! Eu sugiro um olhar para quais aprendizados somos capazes de ter diante dos obstáculos que enfrentamos. Quando reconhecemos os aprendizados e identificamos como conseguimos transpô-los, podemos sentir o resultado da mudança na forma de olhar as coisas.

Temos sonhos, metas, objetivos que queremos realizar e durante o processo de Coaching trabalhamos com nossos clientes e traçamos um plano de ação e discutimos soluções para os desafios encontrados para seguir rumo aos objetivos, verificando os impactos dos objetivos e os progressos. Quando nosso *coachee* enfrenta um obstáculo temos de ajudá-lo a transformar esse "fracasso" em *feedback*, buscando os recursos necessários para que em uma próxima vez que enfrentar uma situação parecida o resultado seja diferente. É aqui que recursos como a gratidão podem fazer diferença ao lidar com os "fracassos".

Vou contar um pouco da minha história para que você possa compreender como aprendi que a gratidão é um recurso essencial quando estamos focados em atingir nossos objetivos, pois foi esse recurso que me ajudou a superar grandes obstáculos.

Sempre tracei meus objetivos, estabeleci planos de ação e implantei-os e atingi muitos objetivos. Conquistei sempre meus objetivos, até que em um determinado momento minha vida parou e me vi estagnada e nesse momento uma enorme crise de transformação aconteceu comigo, fiquei desempregada, meu pai faleceu e eu fiquei doente, tudo ao mesmo tempo. Foi um dos momentos mais difíceis da minha vida, mas tenho clareza dos recursos que me ajudavam a enfrentar a crise que estava vivendo, como a coragem, a alegria, a aceitação, a determinação e o desapego. Todos esses eram recursos que eu já havia identificado em mim e já os tinha acessado por diversas vezes em outras situações da minha vida mas nunca tinha me dado conta que a gratidão fazia parte desta lista. Durante uma sessão de terapia, fiz uma reflexão sobre o que mais estava fazendo com que eu seguisse em frente apesar de tudo que estava vivendo. Elaborei um *ranking* desses recursos e a gratidão estava lá em primeiro lugar, me ajudando a encarar os fatos da vida de forma mais leve e positiva. Sempre fui grata pelos aprendizados, creio que aprendi desde cedo a não "chutar" as pedras do meu caminho pois só iria conseguir sentir mais dor.

Quando comecei meu processo de Coaching, haviam-se passado apenas quatro meses da enorme crise que citei e eu ainda estava recuperando minha saúde física e mental, mas decidi que minha meta neste processo deveria ser em relação a minha saúde. Quando comecei o processo estava confiante e focada como sempre. O primeiro passo foi a Avaliação visando estabelecer as expectativas entre mim e meu *coach*, para que pudéssemos entender minha situação atual e quais seriam as mudanças que aconteceriam a partir daquele momento.

Em seguida trabalhamos a Fundamentação que gerou em mim confiança na minha capacidade de realização e eu realmente me sentia focada e determinada a seguir com minha meta. Já estava confiante de como iria formular minha meta e aí iniciamos a Formulação, criando um plano de ação, averiguando se ela estava alinhada com meus valores e propósitos. Iniciei a Implementação do meu plano e a vida resolveu me surpreender novamente, e eu tive de enfrentar uma nova crise de transformação. Minha meta era restabelecer minha saúde e voltar a praticar atividades físicas, o que fiz aos poucos, pois tinha tido dengue há alguns meses. Passei a me sentir saudável novamente, foi quando durante um treino eu caí e rompi os ligamentos do pé. Dessa vez, confesso que apesar da consciência dos meus recursos e de como eles eram importantes eu desabei, foi impossível ver algo positivo naquela situação. Fui para a sessão de Coaching totalmente desolada e sem motivação para atingir a minha meta. Foi nesse momento que tivemos de redefinir e ajustar minhas metas e começamos a trabalhar para transformar esse "fracasso" em *feedback*. Revi minha lista de recursos pessoais e o *ranking* que havia feito e foi quando a gratidão literalmente brilhou aos meus olhos. Vou ser sincera, tive momentos em que a única coisa que pensei foi em desistir, mas acessar meus recursos, principalmente a gratidão, me fez encontrar forças que me fizeram conseguir fazer o que tinha me proposto a fazer. Foi uma difícil jornada até a Transformação, em que consegui superar algumas crenças que ainda me limitavam e procurei lidar com serenidade e confiança com os conflitos internos em razão da mudança que estava vivendo, e foquei nos aspectos positivos da minha mudança.

Na obra "A Lei do Triunfo", de Napoleon Hill (9), o autor apresenta algumas leis que nos ajudam a atingir o sucesso. Uma delas fala sobre termos um objetivo principal bem definido, estabelecendo aonde queremos chegar e por qual caminho queremos ir. Sempre me guiei por essa lei, estabelecendo sempre para onde eu quero ir, aonde quero chegar, não importam os desafios, eu creio que sempre irei transpô-los porque meu foco é no meu objetivo. Cheguei à etapa de Consolidação, na qual eu pude comemorar minhas conquistas e reconhecer meus progressos, me apropriei das mudanças realizadas e dos aprendizados. Atingi meu objetivo, minha saúde foi recuperada, eu voltei a correr depois da fisioterapia e hoje sinto meu corpo e minha mente em equilíbrio.

Quis compartilhar com você minha história pessoal e minha intenção foi só mostrar que todos nós enfrentamos momentos em que os obstáculos parecem intransponíveis e maiores do que tudo, maiores até que nossos objetivos, que nossos sonhos, maiores que nós mesmos. Se acreditarmos que eles são realmente poderosos, talvez desistamos do que queremos, mas, com suporte de um bom coach que conhece as ferramentas que mencionei, tenho certeza que ele irá te ajudar a encontrar os recursos e o seu caminho ficará leve. Lembre-se que o *coach* irá facilitar que você atinja seus objetivos, mas ele não é terapeuta, nem treinador pessoal, nem conselheiro, por isso, caso tenha necessidade de mais suporte, procure outros profissionais que poderão te ajudar. O bom *coach* saberá reconhecer quando será necessário o apoio de outro profissional e poderá te indicar que tipo de ajuda irá contribuir no seu processo.

Eu contei com o apoio de dois terapeutas além do meu coach durante o meu processo, fiz terapia com um psicólogo e algumas sessões de acupuntura com uma terapeuta para amenizar as dores que sentia durante os exercícios físicos. Isso tudo me ajudou a manter o equilíbrio necessário para ter foco no meu plano de ação e atingir meus objetivos.

Todo esse processo que vivi me ajudou quando me tornei *coach*, pois tenho plena consciência do quanto é importante acessar os recursos para podermos superar os obstáculos e saber quais recursos acessar e em qual momento é essencial para o sucesso do processo de Coaching. Para cada cliente e para cada situação utilizo uma ferramenta, pois o ser humano é uma caixa de surpresas, por isso procuro estar muito focada durante as sessões de Coaching, e isso me ajuda a ampliar minhas percepções.

Importante ter claro que ser grato não significa que você tenha de agradecer por tudo de ruim que te acontece, mas sim reconhecer genuinamente que você pode aprender algo com isso e que o aprendizado pode te mostrar que você é capaz de pensar diferente diante de qualquer coisa e enfrentar qualquer situação. Ser grato pode ser simples, basta começar.

Eu gostaria de convidá-lo para algumas reflexões agora.

Pelo que você já foi grato hoje? Você já pensou em ser grato pelos desafios que está enfrentando agora? Você já tentou encarar os obstáculos como uma oportunidade de aprender algo sobre você mesmo? Você já parou para pensar nas suas capacidades e recursos quando superou uma situação difícil?

Convido você a essas reflexões pois elas te ajudarão em seus próximos desafios. Sei que nem sempre é fácil ser grato, mas não custa tentar, como já relatei vivi momentos de desesperança, mas tenho certeza que seguirei acreditando e confiando com muita gratidão. Não permita que seus objetivos sejam ofuscados por sentimentos como raiva, medo, tristeza ou até mesmo de fracasso. Que tal você tentar mudar seus pensamentos e comportamentos diante dessas situações? Esse é meu convite para você.

Meu desejo é que você tenha uma vida plena de realizações e conquistas, superando todos os obstáculos que lhe serão impostos. Venho sendo testemunha de vários processos transformadores, de pessoas que floresceram, que literalmente renasceram com o processo do Coaching e agora revelam o melhor de si para o mundo e curtem suas conquistas.

Sou muito grata por poder facilitar esses processos, por ter a permissão de estar com pessoas maravilhosas que confiam em mim e no meu trabalho, por isso continuarei por aí revelando o que há de melhor nas pessoas com muita gratidão.

REFERÊNCIAS BIBLIOGRÁFICAS

1. EMMONS, R. A. (2009). The John Templeton Foundation. In S.J. Lopez & A. Beauchamp (Eds.), Encyclopedia of Positive Psychology (pp. 988-990). New York: Oxford University Press.

2. EMMONS, R. A.; MCCULLOUGH, M. E. (2003). Counting blessings versus burdens: Experimental studies of gratitude and subjective well-being in daily life. Journal of Personality and Social Psychology, 84, 377-389.

3. EMMONS, R.A. (2005). Emotion and religion. In R.F. Paloutzian & C. L. Park (Eds.), The handbook of the psychology of religion (pp. 235-252). New York: Guilford.

4. https://pt.wikipedia.org/wiki/Gratid%C3%A3o

5. Pollyanna, comédia de Eleanor H. Porter, publicado em 1913 e considerado um clássico da literatura infanto-juvenil.

6. HILL, Napoleon. A Lei do Triunfo (The Law Of Success).

Darcy Paulino Lucca Junior

Consultor, palestrante, *coach* e professor de pós-graduação. Graduado em Administração de Empresas pela Universidade de Ribeirão Preto (UNAERP) e pós-graduado em Gestão Empresarial pela Fundação Getúlio Vargas – FGV e em Gestão Estratégica de Pessoas e Organizações Sustentáveis pela Fundace-USP. Coach profissional e de vida pelo Instituto Brasileiro de Coaching (IBC) e professor de cursos de pós-graduação em diversas instituições de ensino, entre elas: Senac, Grupo Estácio, Grupo Kroton, Moura Lacerda e Reges. Por 12 anos, administrou e vivenciou a realidade de pequena empresa. Atuou em cargos de liderança em grandes organizações como o Centro de Integração Empresa-Escola – CIEE e Instituto Euvaldo Lodi – IEL, em diversas regiões do país por mais de dez anos. Participou ativamente em vários órgãos de classe, entre eles: Associação Brasileira de Recursos Humanos (ABRH), Associação Comercial e Industrial e Câmara de Diretores Lojistas. Desde 2010, é consultor sênior de negócios do Serviço Brasileiro de Apoio às Micro e Pequenas Empresas – Sebrae-SP. Atua como especialista em empreendedorismo, administração geral, políticas públicas, recursos humanos e *marketing* aplicando consultorias, palestras, cursos e treinamentos para empresários e empreendedores.

(16) 99751-2565
darcy.jr@uol.com.br

3

NAVEGANDO NAS INCERTEZAS DA VIDA

"O barco sem mar é como um homem sem DEUS."

Como consultor, professor, palestrante e *coach*, muitas vezes sou procurado para conselhos e orientações de ordem profissional e pessoal.

Procuro sempre, de corpo e alma, contribuir para que essas pessoas façam as melhores escolhas e tomem suas próprias decisões.

Percebo a grande dificuldade de muitas pessoas em superar seus problemas, em certos momentos da vida, ou melhor, obstáculos. Sim, caro leitor, existem palavras que por si só já trazem uma carga muito mais forte e, consequentemente, nos enfraquecem. Esse é um "truque" prático e simples para você começar a praticar desde já e fará mudanças maravilhosas na sua vida. Substitua palavras com cargas muito negativas por outras mais leves. Experimente e se surpreenderá!

Essa dificuldade de superar probl... ops, obstáculos, muitas vezes acontece, pois não focamos na solução. Perdemos horas e horas focando somente no obstáculo, lembrando do passado e muitas vezes remoendo circunstâncias desagradáveis que vivenciamos. Também, outras tantas horas são desperdiçadas nos PREocupando com o futuro.

A meu ver, depressão pode ser definida como excesso de foco no passado. Do mesmo modo, ansiedade nada mais é que excesso de foco no futuro.

Passado é importante sim, pelas experiências que adquirimos e lembranças que fazem parte da nossa história. Mas revivê-lo é ilusão e perda de tempo. Por melhor ou pior que tenha sido a circunstância, já ficou para trás.

Sobre o futuro, até hoje não tenho conhecimento de ninguém que previu exatamente a data, hora, minuto e segundo de sua própria morte. Inclusive, a morte é a única certeza que temos. Portanto deixe o futuro para amanhã.

Isso em hipótese nenhuma significa que não devemos nos importar com o futuro. Mas são as ações práticas que realizamos no "aqui e agora" que moldarão o nosso futuro. Pense: todos nós temos o "dom" de prever o futuro. Basta prestar atenção nos nossos atos e ações diárias. E eles nada mais são do que consequências dos nossos pensamentos.

No entanto, quando colaboro com essas pessoas, invariavelmente percebo que na grande maioria das vezes elas não querem orientações e sim "respostas prontas".

Essas "respostas prontas" são ilusões passageiras e não têm sustentabilidade. Elas simplesmente não existem na prateleira para questões mais complexas e profundas. As verdadeiras respostas devem ser construídas passo a passo, com total envolvimento do interlocutor. Quando, por exemplo, sou procurado para esse tipo de conselhos ou orientações, geralmente após uma pergunta que recebo costumo fazer várias outras. Essas perguntas que faço visam entender um pouco mais do contexto que envolve todo o cenário por trás do próprio questionamento. Agindo assim, consigo ao menos aumentar minha compreensão sobre o próprio indivíduo e ser mais assertivo. E, mais que isso, o próprio indivíduo acaba participando ativamente do processo, aumentando, consequentemente, sua própria autopercepção diante do cenário vivido. Dessa forma, minha experiência revela que as orientações passadas serão mais sustentáveis e colaborarão de fato para tornarem-se apoio e estímulo. Visando assim que qualquer um resolva ou supere um obstáculo ou situação, seja ela qual for.

Isso me lembra, inclusive, um ditado zen de que gosto muito e diz mais ou menos o seguinte:

"Olhe para trás e nada mudará. Olhe para frente e nada mudará.

Olhe para si e tudo mudará."

Acredito que a mudança de qualquer situação se inicia quando focamos primeiramente no nosso eu interior. Quando nos conectamos com a nossa verdadeira essência e resgatamos nossos valores e princípios.

Nos meus atendimentos, desse modo sinto que contribuo efetivamente ajudando outros a encontrar o seu próprio caminho rumo ao sucesso.

Mas sucesso é um conceito muito particular e individual. O significado de sucesso no dicionário é ter êxito, bom resultado.

Para uns, sucesso é simplesmente ter uma quantia considerável no banco.

Para outros é ter um empreendimento, que gere empregos. Para outros, ainda, sucesso é ter qualidade de vida, ou se casar e ter uma família, e assim por diante. Mas para a grande maioria das pessoas, independentemente de raça, cor, credo ou condição socioeconômica, sucesso é ser feliz. Agora complicou de vez, se sucesso já é um conceito muito individual, felicidade então?

Como eu, então, um simples mortal posso me julgar conhecedor do que verdadeiramente faz o outro feliz, sem envolvê-lo profundamente e ativamente no processo?

Como posso ajudar, se eu mesmo em alguns e decisivos momentos tenho dúvidas do que realmente quero e desejo?

Porém nem mesmo assim posso me omitir. Devo, sim, colaborar com outros no seu crescimento e desenvolvimento pessoal, profissional e espiritual.

Vejo que, independentemente da situação, todos os campos estão interligados e afetam as várias dimensões da nossa vida. Não adianta resolver um aspecto da vida profissional sem envolver as áreas da vida pessoal e vice-versa. Acredito que somos uma tríade de corpo, mente e espírito. Encontramos o equilíbrio, e por que não dizer a paz interior, quando essas dimensões, que afetam todas as outras áreas da nossa vida, estão em sintonia. Não é fácil e muitas vezes isso é muito complexo de entender, pois temos uma visão míope da situação. Nossa capacidade para relacionar esses diferentes aspectos é limitada e precisa ser ampliada para termos uma visão mais clara e transparente do todo.

A única maneira com que me sinto seguro e confiante para navegar por essas dimensões, sendo comigo mesmo ou auxiliando outros, mesmo não tendo todas as "certezas" é através do processo de Coaching[1].

E então, como navegar nessas águas desconhecidas do oceano da vida?

Não é uma resposta fácil, mas convido-o para viajarmos rumo a essa resposta.

Como sabemos, nenhuma construção inicia-se sem um bom alicerce. Fazendo uma analogia com um prédio em construção, para mim o autoconhecimento será o alicerce de qualquer ser humano para auxiliá-lo nas navegações diárias. O grande filósofo e pensador Sócrates já dizia: "Conheça-te a ti mesmo" e, por isso, a importância da última frase do ditado zen, lembra-se? "Olhe para si e tudo mudará."

O autoconhecimento é o verdadeiro caminho para qualquer orientação ser sólida e consistente. Lógico que nesse processo outras pessoas podem contribuir com sugestões ou conhecimentos. Todos nós temos experiências de vida incríveis e essas experiências podem nos inspirar em nossas escolhas. Mas é você que é o autor da sua própria vida. Agindo pelos conselhos exclusivamente de outros você consequentemente não estará realizando seus próprios sonhos e provavelmente, mais cedo ou mais tarde, irá se arrepender.

Através do autoconhecimento começamos a ser capitães da nossa própria vida. Desse modo, teremos o leme das decisões nas nossas próprias mãos e seremos senhores das nossas escolhas. Quanto mais navegarmos nessa deliciosa viagem pelo nosso interior, começamos a estar mais atentos sobre as sinalizações que têm verdadeiro significado para nós.

Todos nós temos uma missão de vida, ou seja, um propósito de estarmos aqui e agora neste planeta que chamamos Terra.

Para mim, por exemplo, felicidade é estar alinhado com a minha missão de vida. Escrevendo este capítulo estou extremamente feliz e em paz, pois estou agindo conforme meu propósito maior.

E você, caro leitor, já parou para pensar sobre qual é a sua missão de vida?

Há três perguntas, que muitos dizem ser as três grandes perguntas da humanidade.

1. De onde vim?

2. Por que estou aqui?

3. Para onde vou?

Perceba que a segunda está diretamente relacionada com a nossa missão. E a resposta a essa pergunta somente será dada por você mesmo. Não adianta chamar o maior de todos os intelectuais ou gênios da Terra ou até mesmo o melhor de todos os *coaches*. Você é o único que será capaz de responder a essa pergunta. Um experiente *coach* poderá sim lhe ajudar e ser seu apoio nessa jornada. Da mesma forma que em fases diferentes da nossa vida tivemos pessoas fundamentais que contribuíram no nosso processo de crescimento. Portanto busque, sim, auxílio de um *coach* competente e confie no processo de Coaching. Mas não terceirize jamais suas decisões. Seja você mesmo o agente ativo e transformador da sua vida.

Inclusive, muitos que se dizem bons *coaches* não o são. Isso porque acabam induzindo seus *coachees* a tomarem decisões influenciados por seus próprios valores e crenças. E cada ser humano é único e possui ideais distintos. Devemos respeitar o momento de cada um e os anseios individuais.

Portanto, independentemente de qualquer ajuda externa, primeiramente olhe para dentro de si mesmo. Veja e escute o seu íntimo, sinta o que lhe faz bem, busque seus valores, resgate seus princípios, enfim, entre em contato com sua verdadeira essência. No silêncio mais profundo da alma, você escutará em alto e bom som a voz do coração, que está ligada com sua consciência maior. Basta fazer as "perguntas poderosas", aliás, essa é uma das principais ferramentas do processo de Coaching.

Vá fundo nessas perguntas e ficará surpreso com as revelações e descobertas que fará.

Procure escutar sem filtros tudo que diz o coração. Cada palavra e sentimento emanado.

Mesmo quando podemos ter dúvidas ou ruídos nessa comunicação, há sinalizações que jamais devemos deixar de seguir.

Uma vez li um pequeno texto que funciona como uma verdadeira bússola para mim nesses momentos.

Infelizmente, desconheço o autor, mas compartilho-o desejando que faça total sentido para você:

"Não se esqueça, todos os dias, de olhar em **seis direções diferentes**:

- **Para frente** – Para saber para onde você está indo e planejar com antecedência.
- **Para trás** – Para lembrar de onde você veio e evitar os erros do passado.
- **Para baixo** – Para se certificar de que você não está pisando em outras pessoas e causando sua ruína ao longo do caminho.
- **Para os lados** – Para ver quem está lá para apoiá-lo, e quem precisa de seu apoio.
- **Para cima** – Para se lembrar de que há alguém que está cuidando de você.
- **Para dentro** – Para você lembrar do quanto precisa melhorar."

Além de toda minha experiência profissional, paralelamente já há quase 20 anos participo de um grupo, digamos, espiritualista. Não é um grupo religioso, pois participam membros de várias religiões, como católicos, espíritas, pessoas sem nenhuma religião, dentre outros. Também não há dogmas escritos, somente procuramos vivenciar aquilo que o mestre dos mestres, Jesus, transmitiu: "Amar o próximo como a ti mesmo". Nesse grupo, invariavelmente em toda a abertura e encerramento há um mantra que diz assim: "O Grande Pai está dentro de nós, nós estamos dentro do Grande Pai".

Nesses anos, devido à minha participação no referido grupo e paralelamente com minhas outras atividades pessoais e profissionais, desenvolvi uma crença individual muito forte.

Inclusive, como consultor desenvolvi um raciocínio lógico, que é necessário no meu dia a dia. Gostaria, então, de compartilhar com você, leitor, que me deu o prazer de sua companhia até este ponto essa crença. Acredito ser uma verdadeira revelação e poderá auxiliar na sua própria libertação.

Filho de cachorro é? Cachorrinho.

Filho de gato é? Gatinho.

Filho de peixe é? Peixinho.

E assim por diante...

Portanto, se você se julga Filho de Deus, pergunto:

Quem é filho de Deus é? "Deusinho".

DEUS, ALÁ, FORÇA SUPREMA, ARQUITETO DO UNIVERSO, GRANDE PAI, enfim, dê o nome com que se sinta mais confortável. Não estou falando de religião, somente de crença. Eu acredito ser filho de DEUS e por isso me considero um "deusinho". "Deusinho", pois estamos em evolução permanente, pois perfeito somente o GRANDE PAI. Pense nisso! Como filhos D'ele nunca estamos de fato sozinhos e abandonados.

ELE está dentro de você. Você faz parte da sua essência. Você e ELE estão ligados e conectados. E, mesmo se ainda nesse momento você não acredita NELE, ELE acredita em você.

Sempre estaremos bem orientados, se a nossa conexão for verdadeira. A LUZ sempre está e estará presente, basta permitirmos que ela ilumine nosso caminho.

Portanto faça as perguntas certas antes de tomar qualquer decisão. Se não souber fazer sozinho essas perguntas, não hesite e busque auxílio de um *coach* competente e experiente. Navegar junto é muito mais prazeroso que navegar sozinho.

Desejo a você uma jornada de luz e que seus verdadeiros objetivos sejam alcançados. E lembre-se, você sempre estará em boa companhia nos mares da vida.

FIQUE EM PAZ E SEJA FELIZ!

REFERÊNCIAS BIBLIOGRÁFICAS

ESTUDO PRÁTICO. Sócrates – Biografia, obras e frases. Disponível em:< http://www.estudopratico.com.br/socrates-biografia-obras-e-frases/>. Acesso em 07 Ago 2016.

INSTITUTO BRASILEIRO DE COACHING. Perguntas poderosas do Coaching. Disponível em: <http://www.ibccoaching.com.br/portal/coaching/10-perguntas-poderosas-coaching/> Acesso em: 07 Ago. 2016.

INSTITUTO BRASILEIRO DE COACHING. Poderosas perguntas para um excelente planejamento profissional. Disponível em: <http://www.ibccoaching.com.br/portal/coaching-carreira/poderosas-perguntas-excelente-planejamento-profissional/> Acesso em: 07 Ago. 2016.

MARQUES, José Roberto. Curso de Formação e certificação internacional em Coaching: Profissional & Self Coaching – PSC. Módulo I. Goiânia: IBC, 2014, apostila de curso.

SUCESSO. In: Dicionário do Aurélio online – Dicionário Português. Disponível em: < https://dicionariodoaurelio.com/sucesso>. Acesso em: 01 ago. 2016.

WIKIPEDIA. Sócrates. Disponível em: <https://pt.wikipedia.org/wiki/Sócrates>. Acesso em 06 ago.2016.

PERGUNTAS CONSTANTES DE UM COACH

O que está impedindo você de alcançar seu objetivo e por quê?

O que poderia gerar novos recursos para sua vida?

Ligia Feitosa

Coach, educadora e escritora. Acredita que autoconhecimento, mentalidade positiva e ação constituem os três elementos essenciais ao desenvolvimento integral do ser humano. Por isso, desenvolve um trabalho voltado à renovação interior, o qual propõe a educação dos pensamentos, das emoções e das atitudes. É a idealizadora do Coaching de Idiomas e autora do livro homônimo publicado pela Editora Leader. Também é a criadora dos programas online "Aprendizagem sem Limites" e "Autoconhecimento na Prática".

(11) 99399-4549
www.ligiafeitosa.com.br
coach.ligia@terra.com.br

4

DE VÍTIMA A RESPONSÁVEL

Uma jornada em busca de autoconhecimento, autonomia e mudança

"Você tem que assumir a responsabilidade. Você não pode mudar as circunstâncias, as estações ou o vento, mas pode mudar si mesmo."

(Jim Rohn, empreendedor norte-americano)

Em 2001, o piloto italiano Alessandro Zanardi sofreu um grave acidente em uma etapa da Fórmula Indy e perdeu as duas pernas.

Exatos 11 anos depois, Zanardi ganhou duas medalhas de ouro nos Jogos Paralímpicos de Londres na prova de ciclismo de estrada e contrarrelógio e, mais recentemente, repetiu o feito nos Jogos do Rio de Janeiro.

Zanardi poderia ter simplesmente responsabilizado outras pessoas pelo trágico acidente e desistido de tudo. Poderia ter culpado o piloto que o atingiu, os engenheiros de sua equipe e até a si mesmo. No entanto, ele escolheu pensar e agir de um modo bem diferente:

"Nunca pensei em desistir do esporte. Mesmo no hospital, logo após o acidente, sabia que eu era a mesma pessoa, o mesmo piloto, o mesmo atleta de antes de perder minhas pernas. A natureza nos dá as pernas por uma razão, e eu entendi o acidente como uma oportunidade de investigar de que outro modo eu poderia usar meus talentos, agora só com braços e mãos".

Com toda certeza, mais do que talento e desejo de competir, foi a atitude positiva de Zanardi que o levou, novamente, ao lugar mais alto do pódio. Isso significa sair do lugar da vítima e abrir mão de todas as histórias que se costuma contar para continuar parado, preso à zona de conforto.

Assim, este artigo tem por objetivo refletir sobre a contribuição do Coaching para a mudança de atitude, estimulando o abandono do lugar da vítima e o desenvolvimento do perfil do responsável.

O CICLO DAS DESCULPAS

"Eu nasci assim, eu cresci assim, e sou mesmo assim,
vou ser sempre assim, Gabriela, sempre Gabriela."

A conhecida música interpretada por Gal Costa costuma ser utilizada para se referir às pessoas que estão acomodadas, presas a situações indesejadas. Em geral, essas pessoas reclamam de tudo e de todos, e ficam esperando que os outros mudem para que, talvez, a vida delas mude também.

Como estão acomodadas, essas pessoas têm ótimas justificativas para continuar na zona de conforto:

- "Estou velho demais para isso."
- "Se não deu certo para os outros, por que daria certo para mim?"
- "Não tenho tempo."
- "A culpa é do meu chefe."
- "As medidas do governo atrapalharam tudo."

A lista é imensa e as histórias são cada vez mais elaboradas, explicando em detalhes porque não podem, não conseguem, não devem ou não sabem fazer algo que mudaria completamente a sua realidade. Essas histórias também são conhecidas como desculpas.

Desculpas são falsas justificativas que você cria para convencer a si mesmo que não é possível ter a vida que deseja.

Desculpas são histórias que sua mente conta para reforçar seus pensamentos negativos e crenças limitantes, impedindo o seu progresso.

Desculpas são mentiras muito bem elaboradas que mantêm você preso à sua zona de conforto.

Quanto mais desculpas você dá, quanto mais culpados você busca, mais a figura de vítima e o comportamento reativo são reforçados. Culpar tudo e todos pelos seus problemas e suas dificuldades pode até aliviar a dor e a frustração por um período de tempo, mas não demora muito para que o estresse, a desmotivação, a ansiedade e tantos outros sentimentos que afloram nessas situações voltem a te perturbar.

A boa notícia é que existe outro modelo que chama você a assumir o controle e responder de forma diferente aos acontecimentos da vida. Este é o modelo proativo, que dá a você liberdade de escolher o que fazer, como pensar e como se sentir.

Por exemplo, diante de um engarrafamento, será que a única alternativa é ficar nervoso e estressado, e buzinar como louco? Diante dos problemas financeiros, será que o governo é o único culpado ou você poderia ter controlado melhor seus gastos? Se está com problemas no trabalho, será que a culpa é do seu chefe ou você poderia ter dado alguma sugestão para facilitar os processos?

Estas são apenas algumas questões para que você reflita e comece a perceber que nós sempre temos nossa parcela de responsabilidade sobre nossos resultados. E as coisas só começam a mudar quando nós tomamos a decisão de fazer algo diferente.

O PONTO DE VIRADA

Albert Einstein tem uma frase que diz o seguinte: "Insanidade é continuar fazendo sempre a mesma coisa e esperar resultados diferentes". Parece óbvio, não é mesmo? Se não deu certo, por que vou repetir? Mas, na prática, nós repetimos: repetimos nossos comportamentos, nossas escolhas, nossas decisões e, muitas vezes, nem percebemos.

Nesse sentido, uma das maiores contribuições de um processo de Coaching é possibilitar o despertar do *coachee*, levando-o à compreensão de que tudo que lhe acontece é fruto de suas próprias ações (ou ausência delas). A partir daí, abre-se espaço para a construção de uma nova identidade: a do responsável.

Ser responsável não significa acertar sempre, mas sim assumir o controle da situação e comprometer-se consigo mesmo. Ninguém melhor do que você para escolher o caminho mais adequado para sua felicidade. Por isso, o *coach* é apenas um facilitador, uma espécie de acompanhante nesta jornada de autoconhecimento.

Segundo Anthony Robbins (2014: 35),

> Tudo o que acontece em sua vida – tanto aquilo com que se emociona quanto o que o desafia – começa com uma decisão! Creio que é nos momentos de decisão que o seu destino é moldado. As decisões que você está tomando neste instante, todos os dias, moldarão como se sente hoje e também quem vai se tornar nos anos seguintes.

Em outras palavras, o futuro começa a ser construído no presente. E tudo começa com uma decisão.

Ao recordar os últimos dez anos de sua vida, quais decisões mais impactaram os anos seguintes? Você acha que houve momentos em que uma decisão diferente teria mudado radicalmente seu futuro para melhor ou pior? Como suas decisões moldaram sua vida?

Há pessoas que evitam olhar para o passado porque não querem reviver momentos de injustiça, tristeza, desesperança, frustração etc. Eu sei como é dolorido olhar para o passado e pensar: "Se naquela época eu soubesse o que sei hoje...".

Se alguma vez você já pensou assim, alegre-se!

Se hoje você sabe mais do que sabia há dez ou 15 anos, isso significa que as decisões do passado – acertadas ou não - resultaram em algum aprendizado que poderá ajudar na tomada de novas e melhores decisões daqui por diante.

A única decisão que você deve evitar a todo custo é a de não decidir. Não tomar uma decisão, não fazer uma escolha também é uma decisão.

Se você não decidir como deseja viver daqui por diante, então escolherá dar a outras pessoas esse poder.

Se você **NÃO DECIDIR**, seu cônjuge vai escolher por você.

Se você **NÃO DECIDIR**, seu chefe vai escolher por você.

Se você **NÃO DECIDIR**, seus amigos vão escolher por você.

Se você **NÃO DECIDIR**, o governo vai escolher por você.

Assim, abandone o lugar da vítima, pare de esperar que os outros resolvam seus problemas, e assuma o lugar do responsável.

Se não gosta do seu emprego atual, DECIDA que tipo de emprego quer ter.

Se não está feliz em seu relacionamento, DECIDA o que fazer para mudá-lo.

Se não gosta da sua aparência, DECIDA o que fazer para parecer melhor.

DECIDA sair do lugar da vítima, assumir o comando e construir a vida que você quer e merece ter. Pare de dar desculpas e entre em ação!

TRANSFORMANDO DESCULPAS EM AÇÕES

"Você não pode contratar outra pessoa para fazer flexões em seu lugar." Esta frase do palestrante Jim Rohn ilustra muito bem a importância de assumir o controle da própria vida.

Coloque qualquer coisa no lugar de "fazer flexões" e você vai entender o que quero dizer:

- Você não pode contratar alguém para meditar em seu lugar.
- Você não pode contratar alguém para estudar Inglês em seu lugar.
- Você não pode contratar alguém para fazer dieta em seu lugar.

Acho que você já entendeu, não é mesmo?

Dar desculpas para não fazer o que precisa ser feito cria um estado de paralisia, mantém você no mesmo lugar, sem ação. E quando não há ação, quando não há movimento, seus resultados ficam muito aquém daquilo que você quer.

Para ter uma vida nova é preciso focar em ações práticas e bem direcionadas. Essas ações devem estimular o movimento e gerar a transformação, colocando você na direção da realização de seus objetivos. Então, chega de ficar sentado reclamando. Levante-se e entre em ação! E o primeiro passo está aqui mesmo.

A partir de agora você vai fazer um exercício para transformar suas desculpas e reclamações em ações focadas. Este exercício pode ser aplicado em qualquer área da vida: saúde, carreira, relacionamentos, finanças, estudos etc.

Para começar, observe a tabela abaixo:

Mudanças que eu quero fazer em minha vida	Desculpas que eu tenho dado para não mudar	O que eu tenho feito (ou não) para causar esta situação	O que eu vou fazer a partir de agora para mudar a situação
1.			
2.			
3.			
4.			
5.			

Na **primeira coluna**, liste no máximo cinco mudanças que você deseja fazer em sua vida nos próximos 12 meses. Caso identifique mais coisas que deseja mudar, escolha as cinco mais importantes, aquelas que realmente vão impactar sua vida. Veja alguns exemplos:
- Eu quero emagrecer;
- Eu quero ter segurança financeira;
- Eu quero ter mais tempo para minha família;
- Eu quero ser mais organizada e produtiva;
- Eu quero montar um negócio.

Na **segunda coluna**, liste todas as desculpas que você tem dado para não mudar. Veja os exemplos abaixo:

- Não consigo emagrecer porque não tenho tempo para fazer exercícios; comida saudável é cara; não tenho tempo para cozinhar.

- Eu não tenho segurança financeira porque a economia do País está muito ruim no momento; não tenho conhecimento para fazer bons investimentos; a empresa onde trabalho não vai dar aumento.

A **terceira coluna** é o ponto de virada, pois você vai assumir a responsabilidade pelos seus resultados. Então, escreva o que VOCÊ tem feito (ou tem deixado de fazer) para causar ou manter esse cenário. Veja estes exemplos:

- Não tenho tempo para fazer exercícios físicos porque fico muito tempo assistindo TV ou na internet; tenho preguiça de cozinhar; prefiro comprar comida congelada; gosto de *fast food.*

- Não tenho segurança financeira porque não controlo meus gastos; não costumo fazer um planejamento financeiro; não pago o valor total da fatura do cartão de crédito.

Nesse momento, você começa a ter uma ideia mais clara de como tem contribuído para seu estado atual. Por isso, evite autocrítica. Apenas observe seus padrões de pensamento e comportamento.

Na quarta e **última coluna**, você vai assumir o controle da sua vida e identificar pequenas ações que pode colocar em prática no seu dia a dia para mudar a situação. Veja os exemplos:

- Eu quero emagrecer, então vou parar de comer fast food; vou assistir TV na academia enquanto ando na esteira; vou inserir mais frutas, legumes e verduras em minha alimentação; vou buscar a orientação de um nutricionista.

- Eu quero ter segurança financeira, então vou ao banco negociar minha dívida no cartão de crédito; vou conversar com meu colega do departamento financeiro e pedir ajuda na organização de uma planilha para controlar meus gastos; vou poupar 10% do meu salário todo mês.

Agora que você finalizou o preenchimento da tabela, observe a primeira coluna e todas as mudanças que deseja fazer em sua vida. Então ESCOLHA UMA. Por exemplo: "Eu quero emagrecer".

Em seguida, vá para a quarta coluna e, dentre todas as ações listadas para ajudar a concretizar esse objetivo, ESCOLHA UMA para colocar em prática nos próximos 21 dias. Por exemplo: inserir mais frutas, legumes e verduras na alimentação.

Ao longo dos próximos 21 dias você vai executar essa ação. Se falhar um dia, comece novamente e conte mais 21 dias. A ideia é que você crie um novo hábito.

Quando essa ação estiver incorporada à sua rotina, escolha outro item da lista, como parar de comer *fast food,* e coloque em prática ao longo dos 21 dias seguintes para criar esse novo hábito.

Faça isso sucessivamente até que sua lista tenha terminado. Ao longo das semanas, conforme entra em ação, novos itens podem surgir e ser acrescentados à lista. Quando finalizar todas as ações referentes à mudança escolhida, selecione um segundo item e repita o processo. Por exemplo: "Eu quero ter segurança financeira".

Com este exercício você não só cria novos hábitos mas também, e principalmente, assume o comando da sua e torna-se responsável por todos os seus resultados.

CONCLUSÃO

Este artigo termina aqui, mas a sua jornada continua...

Talvez você já tenha ouvido a frase: "Sucesso não é o destino, mas a jornada". Embora seja considerada clichê, ela contém uma grande verdade.

Sucesso não é chegar ao topo da montanha, mas todo o caminho que você percorreu para chegar ao ponto mais alto. E para ser bem honesta com você, na minha opinião, a jornada é infinita.

Somos seres em constante evolução e, por isso, há sempre algo mais para ser aprendido, conquistado ou alcançado.

Espero ter contribuído um pouco com seu processo de autoconhecimento e mudança. Desejo que você continue sua jornada e seja cada vez mais o responsável pela sua felicidade!

REFERÊNCIAS BIBLIOGRÁFICAS

CANFIELD, Jack. The success principles: how to get from where you are to where you want to be. 10th anniversary edition. New York: Harper Collins Publishers, 2015. [versão Kindle]

ROBBINS, Anthony. Desperte seu gigante interior: como assumir o controle de tudo em sua vida. 24ª edição. Rio de Janeiro: BestSeller, 2014.

Reportagens sobre Alessandro Zanardi disponíveis em:

https://www.rio2016.com/noticias/lenda-paralimpica-alex-zanardi-pede-por-jogos-originais

http://globoesporte.globo.com/paralimpiadas/noticia/2016/09/na-vespera-de-aniversario-de-acidente-zanardi-conquista-1-ouro-na-rio-2016.html

COACHING TE REVELA

Luciana Fiaux

Coach de Finanças e Negócios, especialista em Finanças, Gestão Empresarial e criadora do *blog* Domine suas Finanças. Sua carreira foi desenvolvida no mercado financeiro e grupos econômicos de grande porte. Entusiasta da Educação Financeira, Psicologia Positiva e Lei da Atração, seu propósito é apresentar novos caminhos de felicidade, qualidade de vida e abundância através da transformação da vida financeira. É empreendedora digital, fundadora e diretora da Realize, empresa de treinamento criadora de diversos cursos *online* de Organização Financeira e Marketing Digital.

(21) 99163-6799
luciana@simeuqueroterdinheiro.com.br
www.dominesuasfinancas.com.br

5

DOMINE SUAS FINANÇAS COM O COACHING E APROVEITE MAIS A VIDA

iberdade. Segurança. Realização. Tranquilidade. Quatro sentimentos prazerosos que um saldo de conta positivo e finanças organizadas são capazes de promover. Por outro lado, entrar no vermelho – ou, pior, permanecer nele – é sinônimo de limitação, insegurança, angústia e estresse. Ao comparar essas duas realidades antagônicas, fica claro que é preciso dominar as finanças para aproveitar mais a vida!

Mas há quem esteja tão preso às suas dificuldades financeiras que nem sequer acredita que seria possível colocar as contas nos eixos. A verdade é que essas pessoas estão muito acostumadas a reagir de forma confusa e desacreditada perante os problemas financeiros. Você conhece alguém assim? A boa notícia é que através do processo de Coaching é possível sair dessa armadilha mental e virar o jogo.

Figura-chave nessas situações, o *coach* de Finanças, o profissional de Coaching, chega para propor reflexões ao seu cliente, o *coachee*, que o estimulem a dissipar a névoa mental que o impede de enxergar as soluções necessárias para atingir o objetivo desejado. Durante o processo de Coaching, o intuito é reavaliar essa maneira de pensar, buscar soluções alternativas com criatividade e propor a criação de um método de organização da vida financeira adequado aos valores e aos objetivos de cada um.

E essa transformação na vida financeira acontece em função do direcionamento certeiro do *coach* de Finanças. Sozinhas, as pessoas tendem a repetir comportamentos sabotadores da vida financeira e ficam presas em uma espiral de erros e estagnações, muitas vezes sem ter consciência disso. Na minha trajetória como *coach* de Finanças e Negócios, me impressiona ver um erro bastante comum ser repetido por quem decide começar a organizar as contas: as pessoas focam suas atenções no passado para tentar resolver suas vidas financeiras no futuro.

Refiro-me ao péssimo hábito estimulado por muitos consultores financeiros de começar a organizar as finanças usando uma planilha ou caderninho para ficar anotando todos os gastos feitos. Não faz sentido começar a dirigir a vida financeira olhando para trás ao invés de olharmos para o futuro, para onde estamos indo. Eu costumo dizer que as pessoas estão sendo estimuladas a dirigir suas finanças olhando pelo retrovisor.

Para começar, o importante é criar a sua "Fotografia Financeira". Essa é uma técnica que eu desenvolvi e que nos ajuda a definir o nosso estado atual das finanças (como as coisas estão agora) e o estado desejado (como queremos as finanças no futuro). A partir daí, traçamos metas e alinhamos estratégias para alcançar esses objetivos e, assim, o *coachee* terá a vida financeira que deseja. A ideia de buscar em registros do passado uma solução para o futuro financeiro só vai aguçar sentimentos ruins, como angústia, estresse e confusão mental.

O importante é definir como você vai gastar o seu dinheiro, ter domínio sobre ele, e não apenas registrar como já foi gasto, como se ele tivesse vida própria. E o que vai mantê-lo focado nessa nova estratégia de dirigir as finanças é escolher um combustível, algo que vai estimulá-lo a seguir em frente sem desviar da sua rota.

Nesse caso, não estou falando de sonho, desejo ou propósito. Tudo isso é muito bonito, mas muito abstrato. É preciso uma motivação concreta! Um claro objetivo a ser alcançado. O problema é que as pessoas têm dificuldade de transformar os seus "desejos" em "objetivos" e esse é mais um grave erro cometido na vida financeira.

Sonhos e desejos fazem parte da imaginação, enquanto um objetivo é baseado na realidade e tem prazo para acontecer. Para te ajudar a organizar as ideias e a encontrar a sua motivação, responda: "Por que você quer ter dinheiro?" Pense em um desejo, um sonho, algo que você queira fazer na sua vida que dependa de dinheiro. Você sabe, exatamente, quanto ele custa? Tem uma data específica para realizá-lo? Acredita que ele é atingível, alcançável? E o que você tem feito, ou vai fazer, para torná-lo real?

Ao definir as respostas, você transforma o seu desejo em um objetivo concreto e descobre quais ações precisam ser tomadas para torná-lo realidade. Por exemplo, se você deseja fazer uma viagem e conclui que ela custa R$ 6 mil e que vai embarcar daqui a dez meses, significa que deverá juntar R$ 600 por mês, o que representa R$ 20 por dia.

Colocar os objetivos na ponta do lápis ajuda a tomar decisões financeiras conscientes. Quantas vezes você se sentiu gastando dinheiro com algo que nem era tão relevante? Isso não acontece só com você, mas com todos que não transformaram seus desejos em objetivos concretos e por isso não têm foco no que querem alcançar.

No momento em que você tem o seu desejo transformado em um objetivo específico, você está construindo um planejamento. Mas, atenção, esse planejamento precisa considerar também os seus sabotadores financeiros. Os sabotadores são comportamentos que podem atrapalhar o sucesso das suas finanças. Não levá-los em conta é cometer outro erro grave na vida financeira. Quero destacar três deles aqui.

Quantas vezes você já se viu tomar uma atitude que te prejudicava financeiramente só porque seus amigos ou familiares te induziram a isso? Já se sentiu "acompanhando" os outros sem pensar se era aquilo mesmo o que você queria? Por exemplo, você já comprou algo só por "estar na moda" ou participou de um *happy hour* após o trabalho só porque "todo mundo ia"? Repetir padrões do seu círculo social é um dos comportamentos que podem influenciar negativamente a sua caminhada rumo ao domínio das finanças.

Quantas vezes você já se sentiu empurrando com a barriga atitudes que precisavam ser tomadas nas suas finanças? Ou deixou para depois decisões importantes por não saber como resolver ou por achar que não tinha tempo? A esse outro comportamento prejudicial dá-se o nome de procrastinação.

E alguma vez você sentiu dificuldade de dizer "não", e disse um "sim" que afetava suas economias? Tem dificuldade em cobrar um valor justo pelo seu trabalho ou o pagamento de uma dívida de um amigo? Se você abre mão do que é seu, tome cuidado com a prestatividade excessiva. Você está se preocupando mais com os outros do que com você e suas próprias finanças.

Tenho analisado muitos outros comportamentos negativos. Gostaria de apresentá-los a você e te dar algumas dicas, por isso, preparei um presente! Você pode acessar o *link* www.dominesuasfinancas.com.br/sabotadores e acessar gratuitamente a aula online chamada "Descubra os autosabotadores financeiros da sua vida".

Posso garantir que finanças não têm a ver só com números. Se tivessem, todo professor de Matemática ou economista estaria rico! Já tive muitos clientes de áreas exatas, o que nos prova que o sucesso nas finanças está muito mais ligado ao nosso comportamento e ao autoconhecimento.

Em meus atendimentos, com o uso de ferramentas práticas e exercícios específicos, levo o *coachee* à clareza sobre seu comportamento e a sua real situação financeira e todas as possibilidades de melhorá-la – não só olhando para finanças, mas para todas as esferas da vida, inclusive a profissional.

O processo de Coaching não avalia o que é bom ou ruim para as pessoas nem apresenta o caminho certo. O *coach* não dá as respostas, eles faz as perguntas. Questionamentos que estimulam um novo olhar para o problema e possibilitam encontrar respostas e caminhos que, no fundo, já existiam, mas que o cliente, sozinho, não encontrava. Sem esse apoio sua percepção é bloqueada por um misto de sentimentos ruins gerados pela desordem nas contas.

Ao fim do processo, com direcionamento e reflexões certas, o *coachee* consegue chegar aonde tinha desejado. Mas atingir aquele objetivo não é o ponto final da transformação. Ele surpreende-se positivamente ao descobrir que os ganhos foram além do previsto ou imaginado inicialmente. E esse é um dos motivos que torna o Coaching tão fascinante.

Com as energias renovadas, o *coachee* tem maior consciência do potencial dele. A autopercepção é aguçada, a visão sobre a própria existência é expandida, as habilidades são desenvolvidas e os resultados dessa evolução, consequentemente, são excepcionais. Todo o conhecimento adquirido não se restringe às finanças, mas reverbera em outras áreas da vida.

Os benefícios transbordam e alcançam patamares inimagináveis. Impactam as esferas conjugal, profissional, a saúde e o bem-estar. Recebo muitos depoimentos de gratidão dos meus clientes por terem tido mais do que o bolso organizado. Tiveram a vida transformada.

Posso garantir, também por experiência própria, que ao dominar as finanças todas as outras áreas da vida são impactadas de forma extremamente positiva.

Hoje eu sou *coach* nessa área, mas nem sempre foi assim. Aos 20 e poucos, eu tinha dívidas de cartão de crédito, cheque especial e outras que, juntas, somavam quase R$ 65 mil. Dívidas que vieram de descontrole e total falta de Educação Financeira.

Eu, como a maioria das pessoas na minha situação, deixava as dívidas rolarem por não saber o que fazer com elas. Procrastinava a resolução do problema, cometendo, sem saber, um dos principais erros da vida financeira. Um dia, a empresa onde eu trabalhava foi transferida para outro Estado e eu, ao ser desligada, recebi uma indenização de quase R$ 30 mil. Mas não resolvi dívidas, não investi bem, apenas deixei guardado. Para minha surpresa, um dia esse dinheiro sumiu da minha conta. Ele havia sido bloqueado judicialmente em função das dívidas acumuladas.

Nesse momento percebi que precisava virar o jogo ao meu favor. O choque de perder o único dinheiro que eu tinha me fez decidir mudar. Foi quando criei, sem saber, a ferramenta da "Fotografia Financeira", que citei anteriormente. Com ela, percebi o que precisava reduzir nas minhas despesas e como fazer isso. Ainda identifiquei a necessidade de aumentar minhas receitas e busquei formas alternativas de fazer isso. Já empregada novamente, passei, também, a dar aulas particulares, trabalhar com *marketing* multinível e a vender itens que não usava mais. E tomei uma das medidas mais importantes: parei de procrastinar e negociei minhas dívidas.

Mas o que eu sabia até então não era suficiente. Eu precisava de mais conhecimento no assunto para ver minha vida mudar de verdade. Com as dívidas estancadas, transformei um sonho que parecia inatingível em objetivo e consegui torná-lo real. Consegui fazer minha matrícula em um MBA em Gestão Empresarial numa das melhores e mais caras instituições de ensino do Rio de Janeiro.

E foi durante as aulas que criei um método de controle de finanças pessoais, baseado em gestão empresarial, que funcionou muito bem para mim. Juntei dinheiro, resolvi as dívidas e percebi que não era mais o dinheiro que me controlava. Eu controlava o dinheiro! E foi assim que comecei a construir a vida que eu queria para mim.

Esse método que eu criei é o SIM (Saber, Implementar, Monitorar e Multiplicar), que utilizo em meus processos de Coaching. O fato de ele ter funcionado comigo dá segurança às pessoas que me procuram. De alguma forma elas querem, mais do que um especialista, alguém que já passou pela mesma situação e que a superou com louvor. Elas veem em mim uma referência de que é possível sair da realidade em que vivem.

Mesmo assim, muitos chegam à primeira sessão do processo cheios de receios. Temem levar uma bronca ao me contar a confusão em que está a sua vida financeira. Eu logo esclareço que o Coaching não é uma "bronca", mas um desenvolvimento, um aprendizado. Ele não está ligado a julgamento e é por isso que não tem a pretensão de dizer o que está certo ou errado.

Meu papel como *coach* é desembolar esse novelo de ideias, ajudando-o a reavaliar seu modelo mental, sua maneira de pensar, seus hábitos, de maneira criativa e fora da caixa!

Uma das minhas *coachees*, Beatriz Pinho, resumiu o seu processo com um ditado popular: "Eu te procurei por causa da sua história, mas eu entendi que você não me dá o peixe, você me ensina a pescar". O que eu busco nos meus processos é, de fato, ajudar o cliente a encontrar soluções. Mas, para isso, é preciso estimular sua criatividade. E não há outra maneira de fazer isso senão exercitando o cérebro deles.

O cérebro é uma máquina orgânica, altamente eficiente, que tem por objetivo fazer associações neurológicas para que tenhamos acessos rápidos às áreas que mais usamos. Ao repetir um pensamento ou comportamento e usar muito uma parte do cérebro, criam-se caminhos neurais para acessá-la mais rapidamente, como atalhos.

Isso significa que uma pessoa negativa e que reclama muito diante das adversidades torna-se mestre na arte de reclamar. Do contrário, quem é positivo e busca os caminhos para atingir os próprios objetivos torna-se mestre na arte de achar soluções. Essa inteligência orgânica funciona para nos tornar mais eficientes, independentemente da atividade. Logo, você pode estimulá-la de acordo com os seus interesses ou necessidades.

E o que isso tem a ver com Coaching de finanças? O cérebro de quem tem as finanças descontroladas é bastante eficiente em enxergar problemas e a reagir a eles de forma confusa e desacreditada. Porém se a pessoa é estimulada a fazer novas reflexões, quebrar comportamentos automáticos e hábitos ruins, ela passa a ativar novas áreas do cérebro antes pouco exercitadas, tornando-se mais criativa, mais imaginativa. Dessa maneira, tende a encontrar respostas novas para questões antigas.

O processo de Coaching passa, então, a desenvolver pessoas preparadas para lidar com as adversidades e focadas em conquistar a vida financeira que desejam. O *coachee* aprende a conquistar metas maiores e aumenta ainda mais a confiança nas suas capacidades. Torna-se mestre em encontrar soluções e entra numa nova sequência, numa espiral de atitudes benéficas para a vida financeira.

Fica claro aqui que um dos principais ingredientes para lidar com os problemas e buscar alternativas é a criatividade. É preciso ser capaz de imaginar soluções. J. K. Rowling, autora do fenômeno "Harry Potter", garante que "a imaginação é a fonte de toda invenção ou inovação". É certo que o estresse e a correria do dia a dia são fatores que reprimem nossa capacidade de criar. Por isso, ao invés de encerrar minha participação neste livro por aqui, proponho que continuemos juntos nessa caminhada em busca de soluções criativas para os seus problemas.

Disponibilizei neste *link* www.dominesuasfinancas.com.br/criatividade mais um presente. É um exercício que vai te mostrar como estimular novos pensamentos e a sua criatividade! Vale a pena separar uns minutinhos do seu dia para fazê-lo. Depois, quero ler seu comentário contando o que achou!

Além desse exercício, você pode também visitar o meu *blog* em

www.dominesuasfinancas.com.br

Lá você vai encontrar muito conteúdo gratuito que compartilho com aqueles que querem entrar para o grupo dos que aprenderam a dominar as finanças e aproveitar mais a vida.

SUCESSO E PROSPERIDADE PARA VOCÊ!

Márcio Prado

Com atuações na Grande São Paulo, é natural de Porto Ferreira-SP, nascido em 17/11/1966, casado, pai dos jovens Beatriz e Vinícius Prado, *coach* e membro da Sociedade Latino Americana de Coaching (SLAC), especialista em Educação e Gestão de Pessoas com ênfase em recursos humanos (PUC), graduado em Letras (FASB), foi docente da rede pública, gestor Social, supervisor de empresas em vários segmentos, especialmente do ramo da Logística e da garantia da qualidade. Atuou paralelamente como voluntário no Centro de Valorização da Vida-CVV, no combate ao suicídio, na Casa de Apoio Brenda Lee, no acolhimento aos Soropositivos-HIV/Aids, no Hospital Dia/Centro de Referência e Treinamento (CRT) em São Paulo e nas madrugadas na Rádio Imaculada Conceição (1490 AM), em São Bernardo do Campo. É agente multiplicador ao combate e prevenção do uso inadequado de drogas pelo DENARC-SP. Atualmente é professor, psicanalista e *coach* no "Espaço Somar - Orientação e Qualidade de Vida".

(11) 97442-1158
contato.marcioprado@gmail.com
contato.mprado@yahoo.com.br

COACHING NO TERCEIRO SETOR

"Raízes não são âncoras...
Na vida, nós devemos ter raízes,
e não âncoras. Raiz alimenta,
âncora imobiliza. Quem tem âncoras
vive apenas a nostalgia e não a
saudade. Nostalgia é uma
lembrança que dói, saudade é
uma lembrança que alegra."
(Mario Sergio Cortella)

Oncidium "Sharry Baby" – Orquídea chocolate!

Envolvido pelo perfume agradável dessa bela flor, escrevi estas linhas. Com esse aroma enfatizo a importância do Terceiro Setor em nosso país, que alinhado ao apoio de um bom *coach* inicia uma jornada promissora e inesquecível a todos.

Imediatamente vem em mente o delicioso sabor do chocolate proposto por essa flor toda especial, pois, dando-me água na boca, percebi que, ao degustar o doce e trabalhar no Terceiro Setor, pode-se saciar a vontade de discorrer naquilo que muitos gostam, "fazer o bem" e possibilitar o desenvolvimento mútuo dando sentido à vida das pessoas.

O que não é nada díspar do assunto é a indiscutível energia proposta por uma das importantes sobremesas do cardápio brasileiro, "o chocolate", e a boa energia necessária de um bom profissional *coach* na área em questão, pois ambos para surtirem os efeitos desejados precisam ter qualidade.

O *coach*, dentre outros aspectos, é um especialista no auxílio de superação de metas e o fruto de seu trabalho pode ser adocicado, quando seu *coachee* começa a fazer a diferença e a realizar sonhos.

Senti o aroma da minha doce orquídea novamente, pois para mim a vida é feita de escolhas, detalhes e percepções. Escolhi viver com alegria, curtindo as flores e sabores. Quando amargos me trazem novas experiências e quando doce o prazer de avanços obtidos numa sessão de Coaching.

Participar de projetos do Terceiro Setor é transformador, mas especialmente revelador, a jornada é intrínseca e repleta de surpresas, o que torna o processo emocionante e de ganhos recíprocos nesse grande jardim social.

O campo é fértil para a atuação do *coach* junto com o *coachee*, gestores, coordenadores de equipe, colaboradores, conselheiros, voluntários e executivos, que tem como premissa atender com seus projetos pessoas de extrema vulnerabilidade social, emocional e econômica, por muitas vezes fortalecer os vínculos familiares e resgatar a dignidade humana.

Indubitavelmente um grande desafio, mas maior ainda é a "nobreza" da atividade que acolhe e faz crescer.

Nesse caso, torna-se ainda mais especial para profissionais que gostam de pessoas e queiram exercer suas atividades perante um segmento extremamente promissor, necessário à população, e que "pilastrado" pelo "Serviço Social" ecoa como a esperança e a luz no fim do túnel para muitos.

Entretanto, o setor apresenta particularidades e adversidades que não devem ser negligenciadas para um início de trabalho de Coaching. Um grande diferencial nesse trabalho se faz na dedicação e na conscientização do *coach* de que será necessário um desbravamento no segmento, pois durante pesquisa não encontrei literaturas, avaliações, experiências e materiais que pudessem fazer a aproximação de um *coach* com o setor.

Dessa forma, deixo aqui parte da minha experiência numa entidade beneficente de aprendizagem, cujo intuito é favorecer o trabalho e o sucesso de outros profissionais que desejam atuar no Serviço Social.

Um dos fatores desgastantes com que me deparei foi a burocratização e atual cultura da gestão pública do Estado que infelizmente deixa questões sociais importantes para um segundo plano. As dificuldades na captação de recursos, a ausência de gestão da qualidade, pouco conhecimento tácito e desatualização denotada pela maioria das instituições acadêmicas na formação do corpo técnico social, bem como a ausência da disciplina de administração para a condução dentro de uma entidade, foram fatores facilmente evidenciados.

Mas o quesito mais preocupante que presenciei foi a falta de mão de obra e de sensibilidade da própria sociedade. A qual, por vezes, encontra-se simplesmente no sedentarismo e na ociosidade. Essa situação atinge todas as classes sociais e faixa etária produtiva, que momentaneamente fora do mercado aguardam colocação profissional e ou empreendedora.

CULTURA SOLIDÁRIA - A IMPORTÂNCIA DO VOLUNTARIADO

Quanto à sensibilidade da sociedade? Não se surpreenda!

Faço como exemplo a cidade de São Paulo, uma das maiores da América Latina e do País.

Apresentando uma metrópole com mais de 11,9 milhões de habitantes, segundo o IBGE/2016, um percentual maior dessas pessoas poderia fazer parte do rol de voluntariado no Centro de Voluntariado de São Paulo (CVSP) e de diversas outras entidades, porém, não aderem à proposta, comprometendo a sobrevivência dos projetos.

Esse fato curioso leva-nos às seguintes reflexões:

Por que o povo brasileiro denominado solidário perante projetos sociais maravilhosos não participa em quantidade suficiente para evitar o definhamento de vários projetos importantes?

Será que está desinformado por falta de mídia e divulgação?

Falta apelo social em defesa da causa?

Por falta da fortificação da cultura voluntária no País?

Tempo e o mínimo de dinheiro para a condução e alimentação?

Enfim, eis uma problemática cultural e de hábito no Brasil. O Terceiro Setor é bastante mobilizado por voluntários, que ao atuarem poderiam agregar ao seu currículo a nobreza do exercício e turbinar seu perfil. Oportunamente, isso seria visto com bons olhos num processo seletivo e de recolocação no mercado, tanto como para as empresas que buscam efetivamente os credenciamentos e manutenções da responsabilidade social.

Porém ouso afirmar que existem falhas severas na conscientização para a melhoria dessa cultura, pois o número de praticantes do voluntariado assíduo no País é pequeno diante das demandas. Creio que o Estado, as prefeituras, os conselhos e o setor privado devem ser mais atuantes nesse sentido.

Autoridades públicas e organizações privadas podem fazer a diferença com maior entusiasmo dando um verdadeiro *startup*, com objetividade e menos "politicagem". E um bom começo é seguir a norma ISO 26000 – Diretrizes de Responsabilidade Social Empresarial com pitadas generosas de honestidade, visando qualidade e não somente quantidade de atendimentos. Com raras exceções, o cidadão que necessita de auxílio social já está bem sofrido por receber atendimento precário ou com total ausência de qualidade. A história nos traz que o povo com saúde, educação e melhor qualidade de vida também beneficia os cofres públicos e que notoriamente cresce com o País. Ressalto ainda que será através da educação qualitativa que faremos um país melhor.

O voluntariado é uma ótima ferramenta para combater problemas emocionais e entre outras possibilidades permitir "o *networking*". Dessa forma, são inúmeros os benefícios, tanto para o equilíbrio emocional quanto para o físico... "corpo são em mente sã".

Sempre digo que num momento o voluntário "é" ou "está" voluntário, ou seja, o indivíduo que "é" voluntário tem como característica a solicitude, já o indivíduo que "está" voluntário está por circunstâncias particulares (normalmente desempregado ou em busca de si), assim vulnerável e carente também, e por muitas vezes mais carente que o próprio assistido no projeto em que atenderá.

Nesse aspecto, vejo a oportunidade de atuação para o *life coach* com esse personagem tão importante.

Dessa forma, a entidade também tem como papel abrir espaço social para tal exercício de solidariedade e cidadania, até que esse voluntário vulnerável encontre seu "Eu", faça escolhas e siga seus caminhos.

HERÓIS ANÔNIMOS

Neste segmento conheci pessoas "especiais", são voluntários visionários de que não poderia deixar de exaltar a nobreza da dedicação. Participam e fazem a diferença em diversos projetos. Cidadãos, homens e mulheres, jovens e idosos, pais, mães, filhos e avós que se reúnem em defesa de uma causa e exercem suas atividades com entusiasmo e carinho nas diversas frentes de captações, em eventos, bazares, na cozinha, nas simples tarefas de carregar e receber mantimentos doados, fazendo renúncias particulares, tirando dinheiro do bolso, e por muitas vezes deixando a saúde de lado em prol do cumprimento das atividades em seu posto. Por outras máximas, ausentam-se do seio da sua própria família para a dedicação pura e plena de amor ao próximo.

TERCEIRO SETOR E ABRANGÊNCIAS

É importante esclarecer o que é o Terceiro Setor: segmento formado por associações e entidades sem fins lucrativos.

A sociedade civil é dividida em três setores, primeiro, segundo e terceiro.

O Primeiro Setor é formado pelo Governo, o Segundo Setor é formado pelas empresas privadas, e o Terceiro Setor são as associações sem fins lucrativos.

O Terceiro Setor contribui para chegar a locais aonde o Estado não conseguiu chegar, fazendo ações solidárias, portanto possui um papel fundamental na sociedade. Existem várias organizações que fazem parte do Terceiro Setor, como as ONGs (Organizações Não-Governamentais) e OSCIPs (Organizações da Sociedade Civil de Interesse Público).

O Terceiro Setor é mantido com iniciativas privadas e até mesmo incentivos do Governo, com repasse de verbas públicas. Para isso há a necessidade de obter credenciamentos, certidões e transparência absoluta, e funciona alicerçado pelos trabalhos e apoio de voluntários, como já dito.

Sabe-se que infelizmente algumas organizações foram utilizadas de forma ilícita para desvios de verbas e lavagem de dinheiro público, depreciando a imagem das ONGs/OSCIPs e tornando o processo para sua existência e sustentabilidade mais difícil e burocrático, por isso o atendimento ao novo marco regulatório e tipificações é tema em pauta do Ministério do Desenvolvimento Social (MDS). Caso o leitor queira aprofundar-se nos temas e em outros assuntos socioassistenciais consulte o *site* do MDS.

As entidades do Terceiro Setor têm como objetivo principal melhorar a qualidade de vida dos necessitados, sejam eles crianças, adultos, animais, entre outros.

As fundações, associações, instituições do Terceiro Setor estão muitas vezes envolvidas com obras de filantropia e são mais eficientes as que estão em busca de qualidade e gestão profissional.

É importante informar que as empresas que buscam a responsabilidade social contribuirão para uma sociedade mais equilibrada e justa e, para tanto, as ONGs/OSCIPs tornam-se grandes parceiras.

Por sua vez o colaborador desse projeto não pode esquecer-se de que o futuro se faz com escolhas e atitudes "agora", "*carpe diem*", ou seja, intensamente, sem perder tempo. Junto com as áreas sociais poderá proporcionar bons frutos e fazer descobertas transformadoras. Se acaso as crenças e os obstáculos nos painéis mentais forem um impeditivo para o início imediato de atuação nesse segmento, o indivíduo deve atualizar-se e procurar um bom *coach*, pois está deixando de ir ao encontro de grandes realizações, inclusive de descobertas do próprio "eu".

TERCEIRO SETOR E O SERVIÇO SOCIAL

O Terceiro Setor está intimamente relacionado com a área de Serviço Social, sendo que muitas vezes os assistentes sociais desempenham um papel fundamental na atuação dos elementos. Um grande diferencial se faz através dos assistentes, com a sensibilidade, o preparo, o profissionalismo e a responsabilidade diante das complexidades. Assim, é possível afirmar que o Terceiro Setor e uma boa equipe técnica são responsáveis pelo desenvolvimento social do indivíduo no meio em que vive. Dessa forma, é imprescindível investimentos nos profissionais da área. Quem ganha é a sociedade.

Ressalto que minha experiência como gestor/*coach* na aplicação de sessões junto com os pares nesse setor (entidade social/ONG/OSCIP) foi extremamente reveladora e benéfica, especialmente na condução de relacionamentos de equipe, melhorias de processos, superação de metas e resultados financeiros, pois é certo que em curto prazo, com aplicações de sessões programadas, a qualidade começa a ser norteada e evidenciada em amplo sentido, especialmente no clima organizacional.

GESTÃO DE PESSOAS E ADMINISTRAÇÃO

O Terceiro Setor necessita de profissionalização no quesito gestão. Os modelos aplicados na indústria e grandes prestadores de serviços podem ser aplicados facilmente, propondo um diferencial de qualidade importante para tal, pois foi através desse olhar e por esse caminho que obtive sucesso.

Oportunamente podem ser inseridas no processo ferramentas de medição e de gestão para apoio, porém no que se refere às primeiras tomadas de ação é importante a conscientização de "quebra de paradigmas" dos colaboradores e *coachees*, estabelecendo o painel de "mudanças ao estado desejado", portanto o levantamento inicial do clima organizacional é fundamental.

Posso afirmar que cada organização não-governamental possui características particulares, pois cada qual segue seu regimento interno e é constituída por pessoas de diferentes realidades (intelectuais, culturais, emocionais etc.) e de importância hierárquica na instituição (voluntários de oficinas diversas, conselheiros - normalmente não remunerados), funcionários (CLT), diretoria voluntária e por muitas vezes administradas por executivos (não remunerados), que são defensores e simpatizantes do projeto e dedicam a ele parte do seu valioso tempo.

Uma das grandes particularidades de uma "ONG/OSCIP" devidamente estabelecida e fundamentada é o apego desmedido denotado por alguns colaboradores, conselheiros e membros de diretoria. O sentimento de posse e ansiedade dificulta a sucessão e profissionalização com as ferramentas que possam garantir a qualidade e os resultados. Mesmo assim, não posso deixar de reconhecer que o sucesso na solidez de uma entidade provém do envolvimento de corpo e alma, e esse comprometimento e dedicação é fruto heroico de pessoas de boa vontade que fizeram renúncias muitas vezes homéricas perante seus familiares.

Com essa ótica, posso afirmar que vários tipos de Coaching podem ser aplicados dentro do setor: liderança, de negócios, executivo e de vida.

INSTRUMENTOS UTILIZADOS

Cada momento e etapa sugerem uma abordagem diante da realidade presenciada pelo coach. Visto isso, selecionei instrumentos que foram eficientes. Cabe lembrar que primeiramente faz-se um levantamento de necessidades em reunião com a direção e gestores, para se responder "quais os desafios? Aonde se quer chegar?", momento oportuno para um *executive coach*.

1) Aplicação do exercício "Formulário metafórico Roda da Vida"

Intenção: verificar o equilíbrio das várias áreas determinadas.

Feedback **da Roda/Análise da Roda:**

• O que você vê quando olha para a sua Roda da Vida?

• O que a Roda da Vida lhe diz? Qual o recado?

• O que você sente quando avalia a Roda da Vida?

• Dentro dessa ótica e de sua realidade, quais as tomadas de ações ideais neste momento?

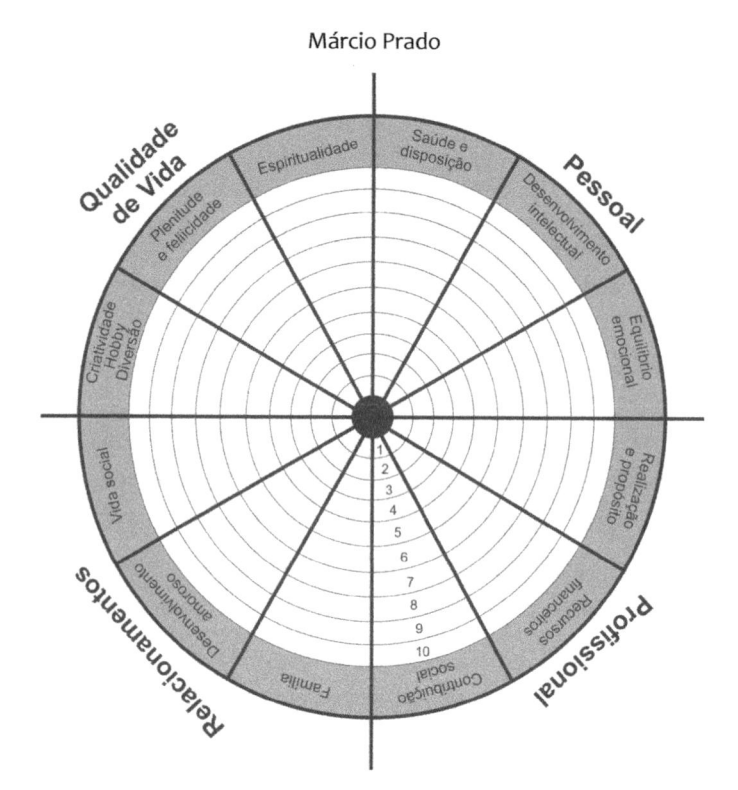

2) Aplicação de "Perguntas Poderosas"

Intenção: provocar clareza, ações, fazer descobertas, levantar compromissos (cabe lembrar que as perguntas são elaboradas respeitando as particularidades individuais), levando o *coachee* a buscar reflexões e a melhor tomada de decisão dentro de sua realidade.

Segue um conjunto de perguntas básicas que ora podem ser aplicadas. As perguntas não são engessadas e o *coach* implementa e desenvolve outras observando a realidade do ambiente.

Pense numa área de sua vida na qual deseja mudança.

- O que você quer?
- Como vai saber que conseguiu?
- Quando conseguir, o que isso vai fazer de bom para você?
- Que ações você está tomando agora para fazer isso se tornar a realidade?
- Que recursos pessoais ajudariam você a agir mais de acordo com seus planos de criar essa realidade?
- Que experiências positivas você tem a respeito desses recursos?

É importante lembrar que são inúmeras as ferramentas que poderão ser aplicadas, e a cada instante surgem técnicas novas para auxílio na superação dos desafios, mas enfatizo, o grande diferencial ainda se faz pela dedicação do *coach* e a devida leitura dos fatos em questão.

COACHING DE LIDERANÇA

Facilmente se evidenciam diferenças de opinião de forma a promoverem conflitos, e resistências que também contaminam e estabelecem um ambiente tóxico. Violação e/ou rupturas do contrato psicológico também são notados no setor. Tais elementos são desagregadores, e por vezes complexos, exigindo k*now how* e *expertise* do *coach*.

As equipes que fundamentam esse setor normalmente são carentes da "Gestão da qualidade" consagrada em outros segmentos e portanto apresentam um campo fértil para a aplicação do Coaching de liderança/carreira.

As academias brasileiras não contemplam na formação do Serviço Social as disciplinas em gestões de administração e de pessoas, o que ora dificulta a condução de equipe do segmento.

COACHING DE NEGÓCIOS

Como se aplica um Coaching de negócios em uma organização não-governamental e que não possui portanto faturamento ?

Não é porque não possui um grande faturamento que uma "ONG/OSCIP" não possui um bom fluxo de caixa. Uma boa organização não depende exclusivamente de subvenções Estaduais, Federais e Municipais, ela procura também outros meios para a sustentabilidade. Aliás, para tal auxílio precisa apresentar projetos beneficentes e operacionais com evidentes resultados que beneficiem a sociedade gratuitamente.

EXECUTIVE COACH

Normalmente a direção e o conselho de uma organização não-governamental são constituídos por voluntários executivos de diferentes segmentos e a conciliação de opiniões é elemento básico para o bom desempenho administrativo e tomadas de decisões. É normal vermos o ego, a vaidade e a ansiedade falarem mais alto (como em outros segmentos), pois cada executivo aqui envolvido é profissional remunerado em outra empresa ou é proprietário da própria, cada qual com sua filosofia e cultura.

O papel do *coach* executivo aqui é a busca da interatividade plena, da harmonia e da facilitação.

COACHING DE VIDA (*LIFE COACHING*)

Todos os envolvidos denotam vulnerabilidades diante das adversidades do dia a dia, portanto passivos ao atendimento do *life coach*.

Cabe enfatizar que por vezes os temas defendidos e/ou assuntos que abordam os beneficiários do projeto de uma ONG/OSCIP são extremamente complexos e desgastantes, expondo os diversos profissionais, principalmente a equipe técnica de assistentes sociais, diretoria e gestores, ao enfrentamento de desafios severos.

Beneficiários vítimas de abusos sexuais, pedofilia, prostituição, drogas (lícitas e ilícitas), conflitos familiares, doenças crônicas (câncer/HIV/hanseníase, entre outras), adoções infantis e assistidos pelas centrais de penas e medidas socioeducativas possuem suas particularidades e não deixam de exigir equilíbrio e muita responsabilidade do corpo técnico. É certo que necessitam de acompanhamento profissional.

PARTICULARIDADES DO SETOR

Todas as organizações do Terceiro Setor devidamente reconhecidas pelos departamentos do Ministério do Desenvolvimento Social (MDS) e respectivas divisões da União, Estado e município, Diretoria Regional de Assistência Social (Drad), Conselho Municipal (CMAS), Conselho Tutelar, Sistema Único de Assistência Social (Suas), Conselho Municipal da Criança e Adolescente (CMDCA), entre outras siglas que ofuscam minha praticidade e originam uma bela sopa de letrinhas, prestam contas rigorosamente para obtenção de certidões, documentos fiscais e alvarás de funcionamento para obter subvenções, e assim garantir sua existência e reconhecimento da sociedade. Tais documentos permitem a participação em editais públicos e privados, promovendo um caixa interessante para sua subsistência, seu crescimento e para garantir-se diante de tempos difíceis e de "vacas magras".

Por vezes, vemos o Estado dificultar o andamento e subsistência de oficinas e projetos sociais, com medidas que atrasam os repasses e até mesmo a redução e/ou corte dessa verba, por isso é importante a gestão que incentive as áreas de captação de recursos e parcerias privadas.

Outras formas de captações de recursos provêm de incentivos de IR (imposto de renda) pessoas física e jurídica, doações, variados eventos (noite da pizza, sopa, feijoada etc...), e toda forma legal possível para a subsistência da entidade como os habituais "Bazares da Pechincha". A criatividade deve ser estimulada sempre para a captação.

Uma "ONG/OSCIP" devidamente regulamentada é obrigada a disponibilizar seus balanços, relatórios circunstanciados e demais documentos cabíveis aos devidos órgãos fiscalizadores em tempo determinado para análise e disponibilizar ao público os resultados através do Diário Oficial da União.

Para profissionais talentosos, dedicados e de espírito empreendedor que buscam oportunidades, as possibilidades de ascensão são promissoras em amplo sentido. Visto que as áreas administrativas de alta *performance* de captações de recursos podem prevalecer-se pela efetividade de eventos e ações de *marketing*, bem como por tomadas de ação com o *"crowdfunding"*, sistema de arrecadação de fundos para a filantropia. Trata-se de uma plataforma para captação de doações, e com a facilitação de ferramentas de mídias para divulgação de projetos e oficinas, através dos vários meios, especialmente pelos *smartphones* e celulares que hoje acessam as massas, mostram-se bastante eficientes. Isso é o que nos apresentam os modelos praticados nos EUA e Europa.

Com essa visão de *"coach*/gestor", o investimento financeiro em áreas eficientes como notoriamente são vistas na indústria é de suma importância e faz a diferença.

É certo que sistemas de TI e de processos também podem adequar-se ao Terceiro Setor, pois são raras as entidades certificadas pela qualidade em órgãos certificadores independentes. Com essa ótica e no intuito de superação, a qualidade exige esforços, e para isso foco no alcance de metas através das sessões de Coaching.

Uma entidade preocupada em exercer uma política baseada em ética transparente, missão e valores sólidos é fundamental. Especialmente quando a direção está fundamentada em controles financeiros rigorosos e transparentes, e tem como premissa a valorização da gestão de pessoas, do *life* e *executive* Coaching, pois foi assim que testemunhei diferenciais como *coach*, evitando a violação do contrato psicológico e a fortificação da interatividade da equipe e todos os envolvidos, garantindo a sustentabilidade.

Ressalto que a ecologia do segmento é diversificada e, para tanto, é interessante a manutenção constante do clima organizacional. O *coach* auxiliará no "*turnover*" dentro da organização, perdas financeiras e de talentos, pois são aspectos adversos comuns das entidades beneficentes. E as rescisões trabalhistas um peso à parte.

Para quem não sabe, talvez seja uma grande descoberta que em uma organização "ONG/OSCIP" sem faturamento ou produção podem-se movimentar milhares de reais por ano e que tal fluxo devidamente direcionado pode facilitar sonhos e realizações de milhares de desprovidos.

COACHING, POSSIBILIDADES E ALCANCE

É indiscutível o poder de ação, os efeitos do Coaching e suas modalidades num universo de centenas de entidades.

Para quem deseja atuar como *coach* os resultados tendem a ser transformadores para todos, independentemente das causas defendidas, pois as ONGs/OSCIPs (entidades beneficentes) possuem colaboradores heterogêneos e de grande rotatividade, e assim originam situações e ideias que divergem frequentemente, como em qualquer outro segmento, porém, quando não ocorre o equilíbrio e o consenso, coloca-se o ambiente em risco, sendo necessário administrar conflitos.

As entidades são diferenciadas por particularidades "como já dito", e nas várias frentes de ação: focadas em aprendizagem e formação para o primeiro emprego, casas de apoio para soropositivos, entidades de atendimento de doenças como o câncer, casas que defendem os interesses de crianças e adolescentes, entidades em defesa de animais, na conservação da natureza, entidades no acolhimento a grávidas e mães solteiras, acolhimento a adictos, casa de apoio aos moradores de rua, de assistência a vítimas de pedofilia e estupro, entre centenas de outras modalidades, e possibilitam um campo fértil para a aplicação de sessões de Coaching.

Um exemplo de resultado e alcance de metas e objetivos surge com o apoio do *coach* podendo ser direta (apoio a um executivo), com acertos indiretos (esse mesmo executivo beneficiar com sua equipe e projetos centenas de jovens em situação de vulnerabilidade econômico-social, cujo vínculo familiar está corrompido pelos inúmeros desgastes da vida). O *coach* promove a assertividade.

O campo é aberto e vasto de possibilidades para o *coach*, basta usar a criatividade. A ferramenta está em expansão, já faz parte da grade de pós-graduação e está sendo modernizada a cada dia, bem como agregando valores a outras técnicas e ferramentas facilitadoras para o desenvolvimento humano: o *mindfulness* – atenção plena, a mentoria - orientação, a Neurociência - PNL, o *assessment* - avaliação de competência, DISC - avaliação comportamental, inteligência emocional, entre outras disciplinas fundamentais e consagradas como na Administração, na Psicologia e na Educação.

O alcance pode ser maravilhoso diante da variedade que a ecologia do setor pode oferecer. Imagine quando você, exercendo a função de um *life coach*, faz um colaborador, vítima de câncer, de abusos sexuais ou do HIV tornar-se um motivador perante a equipe e seus familiares. Ou ainda atuar no fortalecimento de vínculo de uma mãe e uma filha vítimas do desemprego e da depressão, sendo amparadas pela ferramenta do Coaching.

ACREDITE, O "COACHING" PODE FAZER ACONTECER E SER REVELADOR, PERMITA-SE!

REFERÊNCIAS BIBLIOGRÁFICAS

DRUCKER, Peter Ferdinand. A administração na próxima sociedade. Tradução de Nivaldo Montingelli Jr. São Paulo: Nobel, 2002.

SHINYASHIKI, Roberto. A arte de confiar: o medo é o seu pior inimigo. São Paulo: editora Gente, 2009.

ERMIDA, João. O executivo sem culpa: mantendo os valores pessoais na vida profissional. São Paulo: Lua de Papel, 2010.

As pessoas na organização. São Paulo: Editora Gente, 2012. Vários autores. (1. Administração de empresas; 2. Administração de pessoas; 3. Organização)

CORTELLA, Mario Sergio. Não Espere pelo Epitáfio... Provocações Filosóficas. Petrópolis, RJ: Ed. Vozes, 2013.

SCHULTZ, Duane P.; SCHULTZ, Ellen. História da Psicologia Moderna. 10. ed. Cegage Learning Edições Ltda., 2015.

Sites consultados:

http://www.inmetro.gov.br/qualidade/responsabilidade_social/norma_nacional.asp
http://www.ibge.gov.br
http://www.institutofilantropia.org.br
http://www.institutoarlinedavis.com.br
http://mds.gov.br

PERGUNTAS CONSTANTES DE UM COACH

Sente-se reconhecido?

Quais meios utiliza
para se promover?

Você se valoriza?

Mario Rondon

Treinador, palestrante, mentor e *coach* de Transformação & Poder Pessoal. Mestre em Educação, especialista em Docência, trabalhando assuntos com foco na Alta Performance Profissional e Pessoal com uso de técnicas de PNL. Foi piloto militar por 13 anos. Piloto de linha aérea, com ênfase em defesa militar, atuou como piloto comercial em uma grande empresa aérea no Brasil em voos nacionais e internacionais. Idealizador do Programa 'AprovAção no Rumo Certo' – ARCo, atua nas áreas de liderança, motivação, trabalho em equipe, superação de desafios, tomada de decisão, planejamento de carreira, gestão da mudança, planejamento de estudo com técnicas de Coaching e PNL para o processo de aprendizagem. Atuou como professor nos cursos de Administração e Gestão de Pessoas.

Além de títulos e qualificações, Mario Rondon é um grande defensor de um processo de aprendizagem andragógico e dialógico para que possamos aprender a aprender de forma consistente e duradoura e partir para um momento de práxis, com a união de teoria e prática.

Defensor das ideias de Paulo Freire, o mentor Mario Rondon considera professor, educador e aluno os sujeitos, e não objetos, no processo de aquisição do conhecimento, e aprimoramento gradual do ser humano, o que facilita o aprendizado e possibilita maior tranquilidade em toda a jornada de aprender a SER.

(61) 99664-1101
mariorondon@vencerdesafios.com.br
https://www.facebook.com/mrcoaching.edu
https://www.instagram.com/mhrondon/

7
NOSSAS CRENÇAS, NOSSAS PERCEPÇÕES, NOSSOS RESULTADOS

Quantas porções de nós vão se perdendo pelo caminho? Quanto de nossa essência deixamos de lado ou negligenciamos na tentativa ilusória de nos tornarmos incluídos pelos outros? Fazemos uma viagem de perda do que somos para que possamos viver uma vida "aceita".

Não é à toa que muitos passam a se sentir insatisfeitos com o que estão vivenciando, incapazes de criar uma realidade de abundância, amor e felicidade. As pessoas passam a vida tentando se ajustar a padrões que não necessariamente as satisfazem, e quando procuram por si mesmas já não sabem quem são.

Podem ter os melhores salários, podem se considerar pessoas bem-sucedidas, com um ótimo relacionamento, com experiências de vida maravilhosas e, ainda assim, sentirem-se inseguras, insatisfeitas, sem alternativas. E o pior: infelizes.

Basicamente fazemos nossas escolhas, ao longo da vida, na tentativa de evitar a dor ou buscar o prazer, e ainda que pareça simples e profunda essa constatação, inúmeras são as vezes que deixamos de lado nossos talentos, negligenciamos nossas forças e sonhos, para nos ajustarmos a padrões familiares e sociais que passamos a acreditar serem referências de sucesso e felicidade.

Na busca pela aceitação, evitando possíveis quedas e a necessidade de se explicar, optamos por aquilo que inicialmente aparenta ser o mais "certo" para o sucesso.

Muitas das pessoas com quem conversei e/ou atendi são incrivelmente inteligentes, aparentemente bem-sucedidas, e ainda assim infelizes e insatisfeitas com suas vidas. Por quê?

Porque deixamos de querer saber o que realmente faz diferença no caminho de alcançar nossos sonhos de felicidade. Deixamos de nos questionar sobre temas simples e profundos de nossas vidas pessoais e profissionais. Perguntas como: o que eu realmente quero para a minha vida? Por que estou infeliz, mesmo com tantos sucessos aparentes? O que, seu eu fizesse hoje, de fato mudaria minha vida? Por que estou onde estou? Para onde estou indo? O que estou fazendo dessa vida maravilhosa que me foi dada?

Posso afirmar que as respostas a essas perguntas não virão como um relâmpago. Em muitos casos, ao contrário, serão anos em busca da sensação e do momento em que elas farão sentido.

Lembro-me de quando estava prestes a pedir demissão da Força Aérea Brasileira, após 13 anos de muita luta, de muita renúncia, e de alimentar sonhos que não eram totalmente meus, o que fez me questionar sobre qual era efetivamente a minha missão. Qual era o meu propósito de vida?

Entenda, não se trata de ditar aqui nenhuma verdade absoluta, a minha insatisfação, o meu descontentamento com o que eu estava fazendo começou a acontecer porque passei a buscar algo "imediato" e que fosse aceito como sucesso para o outro e não para mim. Tomei algumas decisões com base no medo.

Como afirma o professor Mario Sergio Cortella, em seu livro "Por que fazemos o que fazemos", "uma vida com propósito é aquela em que eu entendo as razões pelas quais faço o que faço e pelas quais claramente deixo de fazer o que não faço".

Você tem se questionado sobre as razões pelas quais tem feito ou deixado de fazer as coisas em sua vida?

Posso afirmar que estamos com tanta pressa em aparentar algo que perdemos tempo para nos tornarmos verdadeiramente o que gostaríamos de SER. Já se perguntou sobre o que realmente o faria feliz?

Será que sabemos por onde começar a procurar nossos sonhos, quando resolvemos procurar por eles em nossa vida real?

O pior é que mesmo quando nos propomos a buscar por nossos sonhos constatamos que vivemos em um mundo em que não se pode errar, e ao errar você é inequivocamente tachado de fracassado. Quem quer ser conhecido como "aquele que podia dar certo"? Ninguém! Eu quero e preciso dar certo agora.

A síndrome do fracasso, ou melhor, a necessidade de ter que dar certo nessa vida, nos impede de viver em plenitude, de viver em estado de *flow*, nos impede de viver a possibilidade.

O estado de *flow*, como afirma o professor Michael Hall, é um estado de libertação no qual mente, corpo e espírito estão tão conectados e tudo faz tanto sentido que a vida e os projetos simplesmente acontecem, com clareza e sentido.

Toda pessoa quer, naturalmente, ser tudo o que pode ser nesta vida. Esse desejo é intrínseco à natureza humana, como afirma Jacob Pétry. Não há como fugir dele, porque esse é o objetivo último da natureza. "O sucesso da vida está em nos tornarmos tudo o que somos capazes."

O que isso quer nos dizer? Que o desejo por vivermos uma vida de sucesso reflete o anseio por uma vida produtiva, plena, próspera e abundante, dentro de nossas capacidades e potencialidades. Mas então por que esse *momentum* de sucesso, felicidade e abundância é raro entre nós?

O grande segredo, que de tão óbvio se torna obscuro, é que fazemos nossas escolhas, as mais importantes normalmente, olhando para as circunstâncias externas e não para nossos talentos e nossas vantagens individuais. Olhamos para aquilo que temos de limitado, fraco (ao menos em nosso limitado ponto de vista), e deixamos de vislumbrar nossas forças, nossas potencialidades, nossa capacidade, e mais, a possibilidade de aprimorarmos competências essenciais ao longo de nossas vidas.

Quer um exemplo? Você já se perguntou o quanto a influência de outras pessoas ao seu redor é responsável por suas escolhas? Já refletiu sobre a capacidade de uma pessoa próxima a você de influenciar e alterar sua opinião sobre coisas a seu próprio respeito, tais como a escolha de uma profissão, o destino de uma viagem, a roupa que vai usar, a necessidade de realizar alguma plástica, a coragem para pedir demissão de um emprego, o desejo de mudar de carreira, enfim, quantas de suas escolhas no passado ou presente foram influenciadas pelas opiniões alheias?

E o pior é que, em muitos casos, por medo, medo de fracassar, de não sermos aceitos, de sermos tachados como grandes "enganos", medo de nosso próprio brilho, deixamos de viver nossa singularidade, nossos sonhos e nossos projetos.

Como buscar nossa singularidade neste mundo tão maravilhosamente caótico? Como encontrar a sua singularidade e dessa forma um caminho para um momento de abundância e prosperidade em sua vida?

Um grande primeiro passo é identificar como tem percebido e vivido sua vida, com o intuito de impedir que a sua percepção sobre "fracassos" diminua as chances de viver seus sonhos e talentos, e de viver, diariamente, a possibilidade de outras chances, outros caminhos, novas perspectivas.

O grande escritor Guimarães Rosa pontuou que "o animal satisfeito dorme" e o professor Mario Cortella defende a ideia de que o "estar satisfeito consigo mesmo é considerar-se terminado e constrangido ao possível da condição do momento".

Acredito muito no conceito de que somos "gente que não nasce pronta e vai se gastando. Mas sim gente que nasce não-pronta, e vai se fazendo".

Não se ocupe na vida se preocupando em ser inteligente, não confunda informação com conhecimento ou sabedoria, não busque, de forma limitante, ser melhor que outras pessoas, ou mesmo se preocupar tanto em evitar os fracassos, isso é autodestruidor; ocupe-se, ao contrário, em buscar um porquê em sua vida. Como afirmou Mark Twain, "os dois dias mais importantes da sua vida são o dia em que você nasce e o dia em que descobre por quê".

Ocupe-se em ser a sua melhor versão diariamente.

Passamos tempo demais de nossas vidas nos dando desculpas por não termos, não conseguirmos, não sermos merecedores, enfim, enchendo-nos de pensamentos limitadores e medíocres que em nada agregam para alcançar o sucesso que almejamos.

De um ponto de vista possivelmente simplório, mas bem objetivo, eu diria que há dois caminhos na vida, o da segurança e o da paixão, e sempre nos encontramos em uma encruzilhada na qual precisamos tomar uma decisão, e todos os dias fazemos as nossas escolhas. Quais escolhas você tem se permitido fazer? Quais escolhas você tem acreditado que possa fazer?

Você tem preferido a segurança infeliz, os dias que se passam rastejando, a constante vitimização, ou por maiores que possam ser seus receios e desafios você tem se permitido buscar sua felicidade?

Aquilo que pensamos e a forma como agimos é mais um resultado de nossas predisposições mentais do que queremos acreditar, e devemos sair da constante zona do medo que criamos ao nosso redor. Se queremos mudar nossos resultados devemos nos propor a duas 'pequenas grandes' mudanças.

A primeira sugestão diz respeito à forma como vemos os outros, à forma como encaramos o mundo, se vemos o outro como alguém ou o mundo como aquele que somente nos trará respostas negativas, teremos apenas isso deles; e a segunda trata da forma como nos percebemos, da forma como vemos a nós mesmos.

Quando nos enxergamos sob um ponto de vista limitador, reconhecendo apenas nossas fragilidades ou pontos fracos, autorizamo-nos a ser assim, fracos, limitados, pequenos, inferiores, piores que outros, e isso reduz consideravelmente nossa capacidade de viver os sonhos desejados, bem como reduz a confiança que temos em nós mesmos.

Afinal, confiança não se trata da certeza de que iremos vencer, mas sim que você fará o seu melhor, o propósito reordena nossas ações. Qual o seu propósito de vida?

Responsabilize-se pela forma como enxerga o mundo e pela maneira como se percebe. Busque se perceber grande, realizador, feliz, e de sucesso.

Viva diariamente a escolha de ser a sua melhor versão. Nossas crenças a nosso respeito, as percepções que temos sobre nós revertem-se inevitavelmente em nossos resultados, uma vez que agimos ao longo de nossas vidas respeitando a forma como enxergamos e percebemos o mundo, e essa percepção reflete a forma como nós nos vemos.

Revele-se ao mundo com todas as suas forças e singularidades. Reconheça suas competências e grandeza, e com isso novos resultados vão invadir com plenitude sua vida pessoal e profissional.

Rafael Mendes

Gestor de Recursos Humanos, especialista em Gestão de Pessoas por Competências & Coaching e Grafologia. Formação Internacional em Coaching pelo ICI - Instituto Arline Davis. Business Partner de Recursos Humanos nos últimos 12 anos em empresas de grande porte. Atuação como *coach* de Carreira & Vocacional, de Vida e Executivo. Facilitador em cursos e treinamentos, somando mais de 3.000 alunos formados na área de Recursos Humanos em Goiás.

Colunista sobre Gestão de Pessoas e Carreira em *sites* e jornais.

Prêmio Ser Humano pela ABRH Goiás em 2013, 2014, 2015 e 2016 na modalidade Gestão de Pessoas na Mídia com o projeto "RH com Você", que possui mais de 480 mil membros nas mídias sociais, sendo hoje referência em recrutamento através das redes sociais em Goiás. Membro do Conselho Administrativo da ABRH Seccional Goiás.

(62) 98572-3432/(62) 98325-6398
rhpositivogo@gmail.com/contato@rhcomvoce.com
www.rhcomvoce.com

8
DESENVOLVENDO HABILIDADES, MOTIVANDO TALENTOS

Considera-se que, atualmente, todas as empresas que querem ter sucesso, independentemente de seu ramo, devem investir no principal capital da empresa, capital este que há não muito tempo era esquecido dentro de uma organização e é simplesmente o mais importante, pois influencia todo o resultado de sua produção. Pode-se chamar esse capital de intelectual, que está representado nas empresas pelo talento dos seus funcionários.

A maior parte das pesquisas enfatiza que a aplicação de processos de Coaching no âmbito organizacional traz benefícios no tocante ao desenvolvimento pessoal do executivo que recebe o processo. Haja vista viver em meio a uma era global, altamente competitiva, onde o momento atual passa e sofre reflexos de uma crise econômica de ordem mundial. Assim, o empreendedor deve pensar rapidamente em contratar um *coach* para atuar em sua empresa de forma a auxiliá-lo a permanecer no mercado e, dessa forma, não naufragar nas correntezas adversas que porventura surgirem.

Assim, através do trabalho do *coach* a sua empresa terá maior probabilidade de alcançar os resultados esperados, aprendendo a planejar e a realizar estratégias para alcançar as metas desejadas. Em adição, o *coach*, além de ajudar a sua empresa a inserir as pessoas certas nos lugares certos, propiciará capacitações necessárias ao desenvolvimento de toda a empresa, deixando bem claro para todos os componentes da empresa a importância de saber trabalhar em equipe, de saber dar e receber *feedback* e de exercer a função de forma a somar forças, habilidades, conhecimentos e talentos, trabalhando como um verdadeiro "time", onde todos possam de fato interagir, se inter-relacionarem e se integrarem, de forma a atuarem com comprometimento, motivação e envolvimento, em busca dos objetivos comuns da empresa.

Torna-se pertinente salientar que para que o *coach* exerça seu papel de forma brilhante precisa da cooperação do *coachee* (cliente); assim, o *coachee* deve abrir de fato as portas da empresa para o *coach*, não escondendo nenhuma situação, sendo totalmente transparente. Isto irá facilitar todo o Coaching (processo de trabalho), uma vez que o *coach* trabalha em cima da realidade, fazendo o diagnóstico, bem como a anamnese de toda a empresa, procurando desta forma enxergar quais problemas e entraves existem na empresa para que, com precisão, defina o momento no qual deverá exercer suas funções e explorar o seu potencial. É seguramente dessa forma que todo o Coaching resultará em êxito.

COACH EXECUTIVO E DE CARREIRA NAS ORGANIZAÇÕES

Há algum tempo, vem-se compreendendo que um *coach* é de fundamental importância para que a empresa maximize produtividade e lucro e minimize tempo e custo, além de contribuir para que a mesma faça a diferença e obtenha a excelência no seu segmento dentro das regras do mercado. A rigor, pode-se dizer que, contratando um *coach*, o gestor estará contribuindo para o desenvolvimento e crescimento da empresa. Sendo assim, não se deve encarar como sendo um custo, pois, na realidade, a empresa será beneficiada de forma compensadora (MARQUES, 2014).

Um *coach* não somente ajudará os líderes da empresa a enxergar o valor que possuem os recursos humanos que a compõem, como também os ensinará a ouvir os seus profissionais, propiciando um ambiente aberto, flexível, onde todos possam contribuir com suas ideias e ideais, compartilhando de todo o processo. O que, por sua vez, possibilita um relacionamento baseado na confiança e no respeito mútuo, facilitando todo o processo de comunicação, colaboração e cooperação, além de contribuir para manter e reter os grandes talentos ali existentes.

Pode-se entender o Coaching de carreira como uma atividade de orientação para o desenvolvimento de habilidades, conhecimentos e comportamentos de um profissional para a melhoria de seu desempenho, com resultados positivos tanto para o indivíduo como para a organização. Por se tratar de um processo educacional, o Coaching é uma parte essencial da aprendizagem da liderança, fornecendo conhecimento, opiniões e avaliação sobre áreas críticas para os profissionais e os negócios.

Releva destacar que o *coach* ativará a memória de seus gerentes quanto à importância de estar sempre aberto a fazer, conquistar e zelar pelo seu *networking*, utilizando estratégias de forma a ser sempre lembrado. É ainda de sua competência mostrar também a importância da postura perante a vida profissional e pessoal, enfatizando a todos a necessidade do comportamento ético e coerente, assim como da atitude diante dos demais parceiros na empresa, lembrando a todos da importância de se ter o equilíbrio emocional diante de tudo e de todos.

COACHEE (CLIENTE) – PARTE FUNDAMENTAL E DECISIVA EM TODO O PROCESSO

Para que o *coachee* obtenha êxito faz-se necessário que seja aberto ao novo e que acredite que todas as mudanças trazem aprendizado e crescimento, crenças e atitudes fundamentais para o competitivo mundo organizacional em que vivemos.

Nesse sentido, compreendem-se maiores possibilidades de se alcançar as metas estabelecidas, como superá-las e aprender a assumir a liderança de suas próprias vidas.

Rodrigues (2008) assevera que a relação *coach-coachee* é diferente de algumas outras estabelecidas com amigos, familiares e colegas de trabalho. Ou seja, um relacionamento que se estabelece em um ambiente sem julgamentos, onde *coach* e *coachee* estão dispostos a enfrentar a realidade como ela é, a serem extremamente sinceros em suas percepções e *feedbacks*.

COMPETÊNCIAS FUNDAMENTAIS DE UM *COACH*

Coaches são profissionais treinados para ouvir, observar e propor abordagens personalizadas às necessidades de desenvolvimento dos clientes. Assim, a atividade de Coaching pode trazer benefícios aos profissionais e às organizações em diversas situações.

Por exemplo, o Coaching pode ser usado para acelerar a integração dos profissionais recém-contratados pela organização - líderes, especialistas ou grupo de *trainees* - ou profissionais que estejam assumindo novas posições na empresa. Pode ser utilizado também para auxiliar os indivíduos a implantarem mudanças positivas no curso de suas carreiras na organização, desenvolverem habilidades técnicas e comportamentais específicas, diminuírem algum comportamento contraproduto ou a revitalizarem sua vida profissional. (PINHEIRO, 2010).

Todos os benefícios citados são valiosos tanto para os profissionais como para as organizações. O retorno sobre o investimento em um programa corporativo de Coaching representa: rápida inserção dos novos profissionais de todos os níveis, aprimoramento da liderança, aceleração da carreira de *trainees* e mulheres em cargos de liderança, direcionamento de profissionais talentosos para posições superiores, redução de custos com treinamentos em função da diminuição dos *gaps* de desenvolvimento e revitalização da carreira dos talentos da organização para desempenhos superiores.

Na medida em que os ambientes profissionais e de negócios vão se tornando mais complexos, o Coaching se estabelece como uma ferramenta útil para indivíduos e organizações que querem alcançar um novo patamar em suas carreiras e negócios.

ABORDAGENS DE COACHING DE CARREIRA E EXECUTIVO

A primeira abordagem de Coaching no âmbito organizacional refere-se ao Coaching individual, também denominado por Coaching Executivo, no qual um profissional contratado, qualificado como *coach*, conduz um processo com um colaborador com a finalidade de atender demandas e problemas específicos.

Segundo Tobias (1996), o processo de Coaching executivo não traz um rol de soluções organizacionais generalistas, como ocorre em seminários e *workshops*, mas sim procura compreender o cerne dos desafios de trabalho do *coachee*, dando encorajamento e suporte para a tomada de novas decisões dentro de um curto prazo, permitindo assim que o *coachee* vivencie outras abordagens em suas rotinas de trabalho.

Tobias (1996) adverte sobre a objetividade que o Coaching deve apresentar. Recursos comuns a trabalhos terapêuticos psicológicos como 'listas de sujeiras' são consideradas abstrações subjetivas que não são pertinentes no Coaching Executivo. Dessa forma, a atuação do *coach* é orientada no sentido de enfatizar forças e habilidades individuais do *coachee*, as quais são aprimoradas por meio de *feedback* e aprendizagem contínua.

Kilburg (1996) explica que, na década de 80, a atividade de consultores voltada para o desenvolvimento de liderança de gestores era denominada Coaching, havendo, ao longo daquela década, um aumento da demanda por esse tipo de serviço. Contudo, Kilburg (1996) afirma que as técnicas utilizadas pelos consultores não tinham embasamento científico, sendo passíveis de questionamento quanto à eficiência.

Diante disso, Kilburg (1996) realizou trabalho bibliográfico, identificando, na literatura científica de psicólogos que desenvolveram trabalhos sobre Coaching Executivo, elementos importantes para caracterizar o processo, os quais são mencionados a seguir: estabelecer o foco e os objetivos que serão trabalhados no Coaching; estimular o comprometimento de tempo e de recursos do *coachee* com o processo; o *coach* deve estabelecer um pacto de confidencialidade, a partir de uma relação de empatia e confiança; é aconselhável que o *coachee* encontre significados pessoais dentro do Coaching para, assim, gerar expectativas de sucesso; o *coach* deve estimular experiências e aprendizagens das quais o *coachee* possa tirar lições sobre como desenvolver o autocontrole emocional e cognitivo, e é oportuna a verificação contínua sobre os êxitos e falhas que ocorrem ao longo do processo de Coaching.

Já Levin et al. (2008) explicam que o processo de Coaching Executivo para ser eficiente precisa da elaboração de um plano estratégico por parte do *coach*. Esse plano é oriundo de uma análise de cenário, na qual o *coach* identificará as variáveis-chaves que influenciam nas tomadas de decisão dentro do contexto organizacional.

APAIXONADO PELA MINHA PROFISSÃO

"Eu amo minha profissão. Eu nunca pararia. Relaxar?
Eu relaxo enquanto trabalho. Essa é minha vida." (Bette Davis)

Este ano faço 12 anos de carreira, sendo dez dedicados ao mundo do RH e Coaching.

É fascinante e extremamente difícil lidar com pessoas, pois cada pessoa é um ser único. Cada uma tem um desejo, um sonho, uma expectativa, um perfil diferente. O grande desafio de se trabalhar com o Coaching é aprender a lidar com todas essas diferenças e lidar com as crenças de cada perfil.

Quando me perguntam sobre qual seria a principal "competência" para se trabalhar com Coaching eu não tenho dúvidas: AMAR as pessoas!

Além de AMAR as pessoas é necessário paciência para ouvir, o processo "saber ouvir" é o grande segredo para o Coaching ser eficaz.

O desafiante nessa profissão é conviver e respeitar as "individualidades/diferenças" e é isso que faz com que as pessoas se completem, com que sejam equipes de sucesso!

Esses dias li uma frase de Madre Tereza de Calcutá que para mim descreve a principal missão do *COACH*: "Não deixe que alguém saia da sua presença sem se sentir melhor e mais feliz".

Amar o que fazemos é fundamental!

Tem muita diferença entre ser uma pessoa competente e uma pessoa apaixonada: a competente faz o trabalho dela com qualidade e preza por isso, o apaixonado o faz com qualidade e com dedicação única... faz de uma forma única que faz com que todo mundo reconheça que foi ele quem fez.

O competente pode ser substituído a qualquer momento, o apaixonado jamais! Pois mesmo que não esteja mais na empresa será notado, haverá pessoas que podem até fazer melhor que ele, mas igual nunca!

Fazer as coisas com paixão é como deixar nossa impressão digital.

Ter paixão pelo que a gente faz nos motiva e nos dá ânimo a cada dia!

E você, é apaixonado pelo que faz?

EU AMO SER *COACH*!

CONSIDERAÇÕES FINAIS

Tais perspectivas fazem com que o processo Coaching seja conduzido com um foco nos objetivos individuais do *coachee*, os quais devem também se encontrar relacionados com o contexto organizacional. Por isso, os autores advertem que o *coach* deve evitar modelos padronizados de aplicação de Coaching, buscando uma compreensão do ambiente organizacional, para realizar um alinhamento entre os objetivos individuais do *coachee* com os objetivos estratégicos da organização.

Nesse contexto, tem-se que a organização, ao mostrar interesse em desenvolver e aprimorar seus executivos, consegue obter maior engajamento e envolvimento de seus funcionários.

Tudo isso justifica que sejam implementados programas e processos de desenvolvimento humano. E possivelmente essa seja uma razão para o crescente aumento da indústria do Coaching juntamente com as práticas de *mentoring* e aconselhamento, surgindo assim uma questão para a qual o conhecimento científico é de grande valor, qual seja a devida explicação e fundamentação sobre o que vêm a ser realmente essas práticas, pois assim poder-se-á distinguir o que são trabalhos consistentes, sérios e éticos de propostas, comuns no mercado de consultoria, que sugerem resultados rápidos e garantidos, os quais, muitas vezes, são carentes de embasamento e de possíveis resultados temerários para o desenvolvimento da organização.

REFERÊNCIAS BIBLIOGRÁFICAS

CLUTTERBUCK, D. Coaching Eficaz: como orientar sua equipe para potencializar resultados. 2. ed. São Paulo: Editora Gente, 2008.

GRANT, A.; CAVANAGH, M. Toward a Profession of Coaching: Sixty-Five Years of Progress and Challenges for the Future. International Journal of Evidence Based Coaching and Mentoring, v. 2, n. 1, p. 1-16, 2004.

HAYDEN, S. Getting Better Results from Post-Appraisal Interviews. Personnel, v. 31, p. 541-550, 1955.

KILBURG, R. Toward a Conceptual Understanding and Definition of Executive Coaching. Consulting Psychology Journal: Practice and Research, v. 48, n. 2, p. 134-144, 1996.

LEVIN, L.; BOZER, G.; CHARMINE, H. Executive Coaching in a Family Business Environment. The Business Review, Cambridge, v. 9, n. 2, p. 200-211, 2008.

MAHLER, W. Improving coaching skills. Personnel Administration, v. 27, n. 1, p. 28-33, 1964.

MARQUES, José Roberto. A importância da comunicação eficaz nas organizações. Instituto Brasileiro de Coaching, 2014.

PINHEIRO, Beatriz; PASQUAL, João Luiz; BROGE, Vivian. Coaching e formação de liderança/coach. São Paulo: Arvoredo, 2013.

RODRIGUES, Rosana. Coach e coachee - uma parceria de sucesso! Crescimentum Alta Performance em Liderança, 2008.

TOBIAS, L. Coaching Executives. Consulting Psychology Journal: Practice and Research, v. 48, n. 2, p. 87-95, 1996.

Roberto de Oliveira

Palestrante, *coach* e consultor.

Coautor dos livros "Manual Completo de Coaching", Editora Ser Mais, e "Programados para Vencer com Coaching", Editora Kelps.

Organizador do Conacon – Congresso Nacional de Coaching Online. Professional Master Coach ICI, Leader Coach Corporate Coach U. Advanced Executive Coaching - Martin Shervington. Professional DISC Certification, ASSES Certification e SixSeconds Certification.

Pós-graduado em Gerente de Cidade – FAAP e em Treinamento Desportivo – USP. Graduado em Educação Física – UNIFMU.

(11) 97178-7828
doctorcoach@hotmail.com
www.facebook.com/RobertoDeOliveiraDoctorCoach

COACHING COM PNL NO PROCESSO DE RESSIGNIFICAÇÃO DE CRENÇAS

"Para cada mapa empobrecido por uma percepção distorcida da realidade, existe uma crença proporcional e correspondente."

(Roberto de Oliveira)

As nossas crenças nos comandam, fornecem permissão para ação e obtenção de resultados (crenças fortalecedoras, positivas ou impulsoras), ou nos mantêm estáticos, sem respostas plausíveis para o enfrentamento de nosso insucesso (crenças fragilizantes, negativas ou limitantes). E na maioria das vezes o processo vem acompanhado de sofrimento e dor, causando impossibilidades mentais e conduzindo-nos a um processo de autossabotagem, distanciando-nos de nossos objetivos e sonhos.

Nasci e cresci num lar humilde. De quando era criança lembro-me claramente de várias frases de efeito pronunciadas pelo meu pai, todas elas encaixavam-se perfeitamente nas situações de felicidade ou de desafio que eu e meus irmãos vivíamos naquele momento. Entre tantas uma destacou-se, pois meu pai sempre a proferia nos momentos em que me flagrava rezingando do cansaço e dificuldades da minha rotina de tarefas como estudar, fazer algum trabalho e treinar basquetebol – "apesar de ser minha grande paixão".

Era uma curta citação, uma frase seca, contudo muito poderosa. Confesso que no início soava muito agressiva, estranha e fazia pouco sentido, porém aos poucos, interiorizando-a, passei a percebê-la de outra forma. Claro que esse processo foi fácil devido à minha pouca idade e quase nenhuma experiência de vida, mas ainda assim refletia muito sobre sua real finalidade. E em determinado ano de minha vida, após inúmeras repetições, ela passou a ser uma infinita fonte de resistência, resiliência, ânimo e energia para mim.

Ela foi tão engrandecedora que ainda ecoa em meus pensamentos tendo o mesmo efeito:

"A vida é dura para quem é mole!!!" Note: não parece uma daquelas frases de caminhão ou de calendários de bar?

Revelo que desconheço a autoria, porém desejava muito saber de onde um homem tão simples e quase sem estudos como meu pai passou a adotá-la como carro chefe para sua estrutura de formação de personalidade e caráter de seus filhos. Bom, para minha surpresa, deparei-me com uma música bem antiga cantada por uma dupla legitimamente caipira denominada Zé Mulato & Cassiano. Que mundo maravilhoso, hein!?!? Esta seria a explicação mais plausível, pois um dos passatempos mais queridos do meu pai era ouvir um programa de rádio apresentado por um comunicador fantástico para aqueles tempos conhecido como Zé Béttio (as duas referências que cito aqui, tanto a música quanto o programa, têm registros no Youtube caso queira conhecer).

Voltando à frase, internamente passou no tempo exato a proporcionar-me vários *insights*, tais como: "Tenha em você a força necessária para vencer qualquer dificuldade", "Sua força será inesgotável", "Mesmo a sua menor força o deixará imbatível", "Sempre encontrará os recursos necessários para vencer", "Nada pode te impedir se quiser merecer e se qualificar". "Você pode aprender tudo que quiser e quando precisar", "Será forte quando e o quanto desejar", "Dedique-se e concentre-se e encontrará várias soluções inteligentes para o mesmo desafio". E assim em mim instaurou-se uma chavezinha que era acionada toda vez que me sentia sem energias, desmotivado, com medo, acuado, enfraquecido, a frase surgia em minha mente e logo me transformava, fazendo com que me sentisse grande, forte, criativo e positivo, neutralizando todos aqueles estados negativos. Essa chavezinha deu-me forças para superar diversos desafios em minha vida, alguns deles impensados e complexos como uma gravíssima doença que acometeu meu filho de dois anos em meados de 2008. Ah!!! Sobre ele, somente para te tranquilizar, hoje se encontra curado e completou dez anos em agosto de 2016.

O mais curioso e espantoso é que os efeitos dessa frase em minha vida são cada vez mais fortalecedores e impulsionadores. E como não poderia ser diferente, repasso aos meus filhos, claro que em doses homeopáticas, tudo o que me fez sentido e me deu referência. Digo-lhes individualmente e principalmente no momento em que enfrentam os seus pequenos desafios: "Tem em você a força necessária para vencer qualquer dificuldade", "Sua força será inesgotável", "Mesmo a sua menor força o deixará imbatível", "Sempre encontrará os recursos necessários para vencer", "Nada pode te impedir se quiser merecer e se qualificar", "Você pode aprender tudo que quiser e quando precisar", "Será forte quando e o quanto desejar", "Dedique-se e concentre-se e encontrará várias soluções inteligentes para o mesmo desafio". Não é incrível isso? Uma frase ter o poder tão impactante na vida de uma pessoa!!!

ENTENDENDO AS CRENÇAS

A formação de uma crença tem como base inicial os pensamentos que construímos com fé, gerada por nossas representações internas, ocasionada pelas percepções que temos das pessoas, do mundo e de nós mesmos. Esses pensamentos tornam-se nossos princípios operacionais, ou seja, formarão nossas crenças e passarão a nos governar. Agimos como se tais crenças fossem verdadeiras, contudo, são verdadeiras única e exclusivamente para cada um de nós, sendo pessoais e particulares.

Esse padrão faz com que nossa mente crie, associe e registre imagens, sentimentos e sensações relacionadas a cada uma de nossas crenças, afetando nossa fisiologia e respectivamente nossas emoções de forma positiva, gerando crenças fortalecedoras, ou de forma negativa, gerando crenças limitantes.

As crenças, sejam elas limitantes ou fortalecedoras, sempre estarão relacionadas a uma sensação ou sentimento de algo sem solução, algo imutável ou inalterável e serão pertinentes a um ou mais temas.

Os principais são: prosperidade, sucesso, riqueza, tempo (passado, presente e futuro), situações específicas ou gerais, inteligência, identidade, capacidade, oportunidade, aprendizado, pessoas, conhecimento, ambiente, espiritualidade e informação.

CRENÇAS SÃO PROVENIENTES DE GENERALIZAÇÕES

Generalizações ocorrem a todo momento e principalmente quando utilizamos a experiência de um resultado ocorrida em nossas vidas e a transportamos a outros contextos. Darei dois exemplos:

• **Negativo** – (Relato de um fato) "Casei-me com um homem loiro e ele me traiu." (Generalização do fato ocorrido).

Convicção - "Todos os homens loiros não são confiáveis."

• **Positivo** – (Relato de um fato) "Quando criança, cortei minha mão com uma faca." (Generalização do fato ocorrido)

Convicção - "Facas com corte devem ser manuseadas somente por adultos e mesmo assim com o devido cuidado e atenção."

PROGRAMANDO UMA CRENÇA LIMITANTE NA INFÂNCIA

A exemplo do que relatei, isso ocorre com todos ao longo de suas vidas e geralmente nos primeiros anos. Sofremos a todo tempo influências positivas e negativas das pessoas a nossa volta, como também das situações que vivenciamos em nosso dia a dia. Através dessas experiências criamos nossa representação interna e subsequentemente formatamos nossos modelos mentais que afetam nossa percepção do mundo, entretanto, registre-se: "não correspondem à realidade".

Quando passamos por experiências ruins formamos e acumulamos imagens mentais negativas sobre nós, sobre pessoas à nossa volta e sobre o mundo. E com o reforço dos processos de generalização, somos levados a criar uma série de crenças limitantes que nos impossibilitam em nosso crescimento e desenvolvimento, em nos aprimorarmos, em sermos melhores, privando-nos do sucesso em qualquer campo de nossa vida.

Sabendo que durante a infância os pais são determinantes para a formação da estrutura mental de seus filhos, estaremos sempre expostos a novas oportunidades de aprimoramento. Esta fase é o momento em que nossos filhos deverão ser estimulados a formatarem um modelo rico, consistente, flexível, de entendimento e percepção do mundo. Ao contrário do que fez meu pai, imputar repetidamente à criança que ela é incapaz, é inútil, ignorante, um burro, provavelmente afetará intensamente seu modelo mental, a sua representação interna, deixando-o hesitante e embaraçado, desestruturado, sem recursos para lutar e enfrentar seus desafios e medos.

Pais, fiquem certos disso e saibam que nesse aspecto suas palavras e ações têm um peso determinante para as suas crianças, elas fatalmente acatarão como verdade o que for dito. Para elas suas falas se tornarão pensamentos, eles darão fé a elas, serão transformadas em convicções e em seguida em crenças limitantes, tornando-se seus princípios operacionais que passaram a governá-los, moldando por muito tempo o modelo mental delas. Lembrem-se, vocês são autoridade para eles, são sua maior referência devido a sua dedicação, respeito e principalmente devido ao amor incondicional que é proporcionado a elas por nós, pais.

"Saiba que são suas decisões, e não suas condições,
que determinarão seu destino." (Tony Robbins)

Dica importante:

Uma prática indicada para que passemos a notar e nos conscientizar sobre um padrão de pensamento é dar atenção aos diálogos, ouvir contextualmente as falas, observar a utilização de certas palavras e por fim a construção das frases. Pode acreditar, há indícios de todo tipo de crenças limitantes e são pronunciadas repetida e quase que diariamente. Cito alguns exemplos logo a seguir:

- Venho de família humilde, não tenho como ser próspero e muito menos rico;
- Eu sou incapaz de aprender isto;
- Essas coisas não são para mim;
- Somente posso ser promovido se dominar uma língua estrangeira;
- Serei feliz se Deus quiser;
- Se as pessoas não me ajudarem não poderei conquistar nada;
- Quando concluir o doutorado serei e terei sucesso;
- Se eu estivesse fora do País, teria uma carreira bem mais promissora;
- Eu sou incapaz de fazer diferente.

Não é porque lhe dizem que você não serve para algo que isso seja verdade; não é porque um casamento não deu certo uma vez que todos em sua vida terão o mesmo destino. Não é porque tudo ainda não está como gostaria em sua vida pessoal e profissional que jamais reverterá esse quadro.

A boa notícia:

Toda e qualquer crença limitante é passível de ser ressignificada, mas para isso o interessado deverá passar por um processo pelo qual, ao final, deverá substituir a crença limitante por uma fortalecedora.

> "A formação de uma crença é o fruto final de um estado mental de certeza que nos gera uma forte emoção, e fica registrada em todo DNA humano."
> (Roberto de Oliveira)

CONTENDO E RESSIGNIFICANDO AS CRENÇAS LIMITANTES

Metodologia Coaching com o auxílio da PNL vem se apresentando como uma excelente ferramenta para atuação diante desses casos, pois através de perguntas poderosas o cliente passa a questionar seu modelo mental e a forma como está interpretando sua visão de mundo, passando em seguida a reestruturar sua percepção da realidade e, consequentemente, sua relação e atuação diante dos desafios de sua vida, saindo de um estado estático para a ação.

Antes de prosseguirmos – e para que o sistema do cliente dê a permissão para que haja qualquer alteração – é muito interessante que ele responda a estas perguntas.

"Percebe-se ou vê-se merecedor desta conquista?"

"Considera-se capaz e com habilidade suficiente para conquistar esse processo?"

"O quanto deseja realmente ressignificar suas crenças?"

"O que verá, ouvirá e sentirá quando a conquistar?"

"Quando e quanto quer mudar e evoluir?"

"Quais intenções positivas você perceberá após mudar?"

Neste processo deve-se agir no reconhecimento e na alteração do padrão mental atual, identificando limites e ampliando o quadro de escolhas.

A finalidade é conduzir, apoiá-lo e ajudá-lo, fazer com que se depare com seu estado mental mais forte, que gere uma nova potência e crie um novo ânimo que o faça alcançar suas metas e tudo aquilo que deseja seu coração.

Para isso, através de perguntas ajudamos o cliente a definir aonde quer chegar e qual objetivo quer alcançar, ele é auxiliado a identificar as crenças que o impedem de entrar em ação, a encontrar o agente causador e por fim a substituir a crença limitante por uma fortalecedora.

Mas isso ainda não bastará para que este processo seja um sucesso, ele deverá chegar num planejamento aonde realmente passe a viver essa nova crença. Um grande passo em direção a esse sucesso é a prática através de sua fala, ela fará com que tenha fé em seus pensamentos, que fique convicto de que é impossível atuar e viver sem ela e assim essa nova crença passa a fazer parte de seu novo modelo mental.

> "O medo e o desejo são criados no cérebro instintivo,
> mediados pelo cérebro emocional e negociados pelo cérebro intelectual."
> (citação do livro "Super Cérebro", de Deepak Chopra e Rudolph E. Tanzi)

Aqui não há como demonstrar todo o processo, mas posso exemplificar como ficariam algumas crenças ressignificadas:
- CL - Venho de família humilde, não tenho como ser próspero e muito menos rico;
- CF - Nada pode impedir-me de ser próspero;

- CL - Eu não vejo como ter sucesso e ser feliz;
- CF - Tenho recursos suficientes para conquistar o que eu quiser em minha vida;

- CL - Eu sou incapaz de aprender isso;
- CF - Com dedicação posso aprender o que eu quiser;

- CL - Serei feliz se Deus quiser;
- CF - Deus me deu permissão para ser feliz em todos os aspectos de minha vida;

Ou seja, para que efetivamente possamos ajudar o cliente a trocar suas crenças limitantes por crenças fortalecedoras, deveremos fazer com que defina seus valores e descubra o seu propósito de vida para que possa focar em suas qualidades, em seus futuros resultados, em possibilidades reais de crescimento, desenvolvimento e aperfeiçoamento, deverá perceber tudo de forma positiva.

Com a confiança de ter me empenhado ao máximo para gerar esta contribuição, finalizo desejando a você sucesso e prosperidade, que possa encontrar forças e apoio necessários para enfrentar seus desafios e com isso conquistar suas metas, sonhos e objetivos.

Tenha certeza que:

**"A VIDA REALMENTE SERÁ MUITO DURA
PARA AQUELES QUE FOREM MOLES!"**

REFERÊNCIAS BIBLIOGRÁFICAS

LAGES, Andra; O'CONNOR, Joseph. Coaching com PNL. Guia Prático Para Alcançar o Melhor em Você.

DILTS, Robert; HALLBOM, TIM; SMITH, Suzi. Crenças – Caminho para saúde e bem-estar.

VENTURA, Ricardo. Crenças: o inconsciente influenciando resultados profissionais.

PENIM, Ana Teresa; CATALÃO, João Alberto. Ferramentas de Coaching.

PERCIA, André (Coord. Edit.); SITA, Maurício. Manual Completo de PNL.

O'CONNOR, Joseph. Manual de Programação Neurolinguística.

PANAS, Jerold; SOBEL, Andrew. Perguntas Poderosas - Construa Relacionamentos, Vença em Novos Negócios e Influencie Outros.

TANZI, Rudolph; CHOPRA, Deepak. Super Cérebro – Como Expandir o Poder Transformador da Sua Mente.

COACHING TE REVELA

Vânia Aquino

Diretora do Instituto de Gestão e Competências Organizacionais Ltda. (www.igco.com.br). Profª. executiva da FGV e FAMPER. Psicóloga com MBA Gestão Empresarial (FGV) e Especialização em Gestão de Talentos e Carreira (PUC/Paraná). Personal & Professional Coaching (SBC, SP). Coaching Life & Executivo (Certificação Internacional – Instituto Arline Davis/RJ). Avaliadora da FNQ. Atua há mais de 18 anos no mercado com todos os subsistemas de RH. Diagnóstico, Desenvolvimento de Lideranças e Equipes. Programas de Motivação, Seleção, Cargos e Salários e Processos de Coaching.

diretoria@igco.com.br

10
PESSOAS QUE TRANSFORMAM NEGÓCIOS: INFLUÊNCIAS DO COACHING NA GESTÃO DE PESSOAS

"Empresas excepcionais são feitas de pessoas excepcionais e uma cultura de alto desempenho."
(Vicente Falconi)

PONTO DE PARTIDA: A EVOLUÇÃO

Falar sobre o momento que estamos vivendo na área de Gestão de Pessoas é, sem dúvida, muito gratificante, principalmente para quem viveu e acompanhou por décadas as transformações advindas dessa área. Estamos em uma fase na qual o mercado tirou a área de pessoas de uma posição filosófica e a elevou a patamares altamente competitivos nas organizações.

Antes de tudo é importante mapear a estrutura organizacional e analisar qual a posição e grau de importância que o RH assume nas empresas. Os tempos modernos mostram que, além de ser empreendedor, o gestor empresarial precisa adquirir amplo conhecimento dos pilares que regem o negócio – Marketing, Finanças, Logística, Produção, Recursos Humanos - e também integrá-los na medida certa, substituindo a visão departamentalizada por uma holística, ou seja, dando maior preferência ao sistema completo, e não a análise à separação das partes componentes.

Fazendo uma análise com relação a esse ambiente, holístico – sistêmico - integrador, produzido pelas organizações, queiram elas ou não, reunimos todas as áreas e conceitos que envolvem o mundo dos negócios no, tão conhecido, "Planejamento Estratégico". Nele estão incluídos os parâmetros do ambiente interno e externo, atuais e futuros, dos quais a organização pretende lançar mão para atingir resultados cada vez mais rápidos e eficazes.

Obviamente estamos falando de um Planejamento Estratégico que realiza a elaboração sistemática de cenários e ambiente interno, o que nos dá subsídios para não somente entender mas, também, para perceber com muita clareza a nova configuração do papel das pessoas nesse engajamento e com isso as mudanças avassaladoras que vêm ocorrendo no comportamento das mesmas, e isso inclui as novas gerações, que naturalmente influenciam a nova performance no papel da liderança, nas novas abordagens de retenção de talentos nas empresas, de modo que "salário" já não mantém comprometimento e, sobretudo, os processos de carreira cada vez mais absorvidos pelo próprio colaborador e cada vez menos pelas empresas. E tudo isso começa a gerar uma sensação de vulnerabilidade aos empresários, pois pessoas são imprescindíveis para o negócio, para elaboração e execução do planejamento estratégico e, consequentemente, para o sucesso do empreendimento.

Embora exista um amplo conhecimento sobre Planejamento Estratégico, muitas empresas ainda podem ser consideradas leigas quanto a sua implantação ou ao menos quanto à conscientização da importância agregada a esta ferramenta, uma vez que o comportamento mais exigido tem sido a busca de conhecimentos associada à capacidade de adaptação diante das mudanças tecnológicas, competitivas e de serviços.

No entanto, estamos vivendo uma quebra de paradigmas, afinal nos deparamos constantemente com os valores que foram disseminados ao logo da história, que caracterizam o RH como uma área centralizadora, pouco integrada, com responsabilidade limitada a um setor específico da organização, comandado através de normas e procedimentos impositivos, falta de alinhamento entre os objetivos das pessoas e da própria organização, perfil pouco estratégico e sem base nos resultados da empresa. E, em meio a tantas transformações, a área em questão passou e ainda está passando por vicissitudes profundas, que serão muito mais perceptíveis ao longo de resultado de pesquisas, desenvolvimento de competências e principalmente no aspecto de ampliar a visão do profissional que atua como gestor de pessoas.

A cultura organizacional é uma grande fonte de pesquisas para identificação, entendimento e percepção desse novo modelo que compõe e envolve todos os aspectos motivacionais do ser humano. O que já identificamos em nossa prática é a importância do alinhamento de valores entre colaboradores e políticas empresariais. Conheço algumas empresas de marketing que só desenvolvem valor percebido de marca após solicitar ao proprietário os devidos ajustes internos, pois a força de uma organização está na congruência daquilo que prega para o mercado.

Ainda neste contexto, torna-se relevante mencionar a nova filosofia da Gestão de Qualidade que também vem ao encontro do processo de globalização, tornando-se mais abrangente, mudando seu foco de controladora de processos para uma visão macro da existência humana, influenciando modos de pensar e de agir. O que percebemos é uma grande junção de áreas, cada vez mais conjugadas, em que o maior objetivo é potencializar o gerenciamento dos resultados organizacionais.

O fato de ter passado alguns anos na área de qualidade e ter conhecido tantos instrumentos de mensuração de eficácia, otimização de tempo, melhoria contínua (método Kaizen), me levaram a pensar de maneira ousada que a qualidade seria comparada ao RH de resultados que tanto almejamos.

De modo geral, o quadro a seguir irá apontar as principais exigências do mercado em relação ao novo sistema de Recursos Humanos:

Quadro 1

Como administrar estratégias de RH?	Como administrar a transformação e a mudança?	Como administrar a infra-estrutura?	Como administrar a contribuição dos funcionários?
Definindo a arquitetura da empresa.	Aumentando a capacidade da organização de se engajar e capitalizar as mudanças.	Identificando e otimizando os processos da área.	Garantia que os funcionários estejam totalmente comprometidos com a empresa.
Conduzindo uma consultoria de negócios.	Traduzindo a visão da empresa em atitudes e atividades que levarão à sua real concretização.	Otimizando os processos que contribuirão para aumentar a credibilidade do setor de RH.	Orientando e treinando os gerentes para que eles compreendam a importância de ter funcionários motivados.

Modificando a arquitetura da empresa para que facilite a implantação da estratégia.	Criando um modelo de transformação.		Representando os funcionários durante reuniões com a gerência.
Definindo claramente sua própria prioridade.	Tornando-se o arquiteto de novas culturas	Redefinindo os demais processos da empresa.	Oferecendo oportunidades de crescimento pessoal e profissional aos funcionários.
			Suprindo os funcionários com os recursos necessários para atingir as metas definidas.

Fonte: Dimensões Funcionais da Gestão de Pessoas (FGV), 2003:33

COMPETÊNCIA ORGANIZACIONAL, A BASE PARA O RESULTADO DE PROCESSOS

A ideia central de nossa análise não é percorrer as várias vertentes que compõem a Gestão de Pessoas, como por exemplo os processos motivacionais, o desenvolvimento de equipes, de lideranças, planejamento de carreira, enfim, o que pretendemos é abordar os aspectos das novas exigências de mercado diante da postura dos sistemas de Recursos Humanos, que daqui pra frente deverão adotar, cada vez mais, uma política estratégica de atuação baseada em resultados.

Para tanto, torna-se imprescindível mencionar a percepção do que vem acontecendo com o ambiente que circunda as organizações. A referência de Hipólito (2001) diz que "neste momento, em um ambiente cada vez mais complexo, demandante e instável, a competitividade organizacional passa a ser determinada pela agilidade que uma empresa tem de mobilizar esforços e de adaptar-se internamente para atender às demandas de clientes cada vez mais exigentes". Alcançar os mais altos padrões de excelência nos remete a um fator determinante na empresa, ou melhor, saber em quais parâmetros estão fundados seus valores, sua missão, sua visão, de modo que estejam inteiramente alinhados à cultura organizacional. Esta concepção nos dará respaldo inicial para explorarmos, de forma geral, o conceito de competência organizacional, que ante sua complexidade pode tanto bloquear como alavancar os resultados de uma empresa.

A gestão por competência tem sido a mais recente ferramenta adotada pelos sistemas de RH, pois a partir deste modelo tornou-se possível mapear e identificar quais as características (positivas e negativas) predominantes do quadro funcional da empresa. Segundo Pereira e colaboradores (2003), "a adoção da gestão de pessoas fundamentada em competências requer que a empresa identifique com clareza quais as lacunas ou deficiências em seu quadro funcional que possam retardar ou bloquear a obtenção dos macro-objetivos estratégicos da organização. Para suprir ou sanar tais deficiências, devem ser colocadas a serviço do desempenho organizacional as várias dimensões funcionais de gestão de pessoas como a captação e seleção de talentos, a remuneração e o reconhecimento, a avaliação de desempenho e, em especial, a educação continuada". Percebemos, então, que o ponto de partida para o novo aspecto da gestão de pessoas é a identidade organizacional, que por sua vez estará intrinsecamente ligada a sua dimensão estratégica. Cabe ao profissional de RH exercitar sua percepção e captar a forma como esta identidade é transmitida aos colaboradores, ou seja, se a declaração da missão, visão e valores está baseada em comportamentos ou apenas numa declaração de virtudes. Este alinhamento de competências é essencial para o redirecionamento das motivações com as metas, e como vimos ele se torna o carro-chefe, uma vez que ante esse processo de mudança ocorre mobilização de todas as interfaces do sistema de RH.

Quadro 2
RESULTADOS DA PESQUISA SOBRE OS OBJETIVOS DOS SISTEMAS DE COMPETÊNCIA

Classificação	Objetivos
1.	Vincular entrevistas, avaliações, treinamento, Coaching e remuneração à visão, à missão, aos valores e à cultura.
2.	Planejar as habilidades necessárias para que a organização cresça.
3.	Comunicar os comportamentos valorizados.
4.	Esclarecer o foco da liderança.
5.	Focalizar atenção na qualidade/comportamento orientado para o cliente.
6.	Fechar as lacunas (*gaps*) de habilidades.
7.	Desenvolver a nossa vantagem competitiva.
8.	Identificar critérios de seleção para entrevistas.
9.	Estruturar os tópicos discutidos em uma avaliação de desempenho.

10.	Desenvolver um *feedback* de 360 graus.
11.	Planejar para sucessão.
12.	Orientar os gerentes quanto à estratégia e à cultura corporativas.
13.	Encorajar a cooperação transfuncional.
14.	Guiar as decisões promocionais.
15.	Facilitar o fluxo de pessoas através do negócio e das fronteiras globais.

Fonte: Desenvolvendo Competências Consistentes, 1999:15

O COACHING E SUAS INTERFACES NO SISTEMA ORGANIZACIONAL

Chegamos, finalmente, em nosso ponto alto e certamente com uma compreensão sobre todas as transformações ocorridas na área de Recursos Humanos, e que essas transformações não foram definitivas nem determinantes, mediante os desafios que surgem diariamente nas organizações. E nesse aspecto iniciei minhas formações em Coaching com a premissa de utilizar o método aliado aos processos de consultoria, tendo clareza que são práticas distintas, porém possíveis de aportes.

A minha experiência mostra que a Gestão por Competência abriu campo para facilitar a entrada da cultura do Coaching nas empresas, pois muitos *gaps* precisavam ser desenvolvidos e, então, uma grande lacuna começa a aparecer no próprio modelo da Gestão por Competências. Esse aspecto individualizado na Análise do Desempenho passa a ser um fator gerador de conflitos, pois os famosos PDIs (Programa de Desenvolvimento Individual) eram negligenciados por não haver um programa específico de aprimoramento e alavancagem do potencial humano. Além disso, o processo de comunicação, altamente contaminado com aspectos pessoais, informais e conflitos de interesse bastante evidenciados.

Embora seja mais comum encontrarmos as denominações e abordagens de Coaching life e Executive Coaching no mercado, quero trazer uma visão ampla do Coaching Corporativo, que na minha opinião não exclui os mencionados acima, muito ao contrário, a organização é um campo fértil para atuar com as três abordagens em um mesmo ambiente. A única coisa que difere é que o Corporativo baseia-se na implementação de políticas na cultura da empresa, e partindo deste princípio temos o método do Coaching influenciando diretamente as seguintes frentes:

1. Comunicação Organizacional: umas das premissas do Coaching é estabelecer o "estado de presença" que tem, por sua vez, um processo de comunicação baseado na assertividade e uso de perguntas adequadas e focadas no diálogo (diferente de monólogo). Esse modelo de comunicação é aprimorado quando os processos de *feedback* se estabelecem e fortalecem o princípio do crescimento e não do "julgamento".

2. Processo de Liderança: o mercado já apresenta em escala significativa uma quantia de capacitações que favorecem a liderança, trazendo a configuração do líder *COACH* como alguém que irá desenvolver as competências do seu liderado diariamente e não somente em programas de PDI. Segundo Hersey & Blanchard (1986), a tarefa de diagnosticar um ambiente de liderança é realmente muito complexa, se atentarmos para o fato de que o líder é pivô em torno do qual interagem todas as outras variáveis ambientais. Em certo sentido, todas essas variáveis comunicam expectativas de funções ao líder.

3. Gestão de Pessoas: ousaria dizer que o método do Coaching é uma nova fase da área de pessoas, incluindo o avanço de Gestão por Competência para Cultura do Coaching, pois contribui diretamente em todos os subsistemas (Seleção, Desenvolvimento, Desempenho, Carreira, QVT), além de contribuir para o crescimento do próprio gestor de pessoas.

O comportamento humano nas organizações passou a ser fator determinante nas tomadas de decisões, uma vez que o mundo dos negócios percebeu o peso infalível exercido pela falta de administração de conflitos, o mau gerenciamento, o baixo nível de sinergia existente em um sistema organizacional, enfim, as interações socioprofissionais passaram a sinalizar o rumo que uma empresa deseja seguir.

Sem dúvida alguma, o Coaching é um grande aliado para fortalecer esse movimento de transição, que já vem por alguns anos baseado na "tentativa e erro". Ainda teremos *cases* de organizações que já estão implementando em sua cultura e DNA organizacional a abordagem do Coaching para acelerar os resultados e a performance das pessoas, de modo concomitante.

PERGUNTAS CONSTANTES DE UM COACH

Você compartilha suas buscas e decisões?

Em uma dinâmica em grupo qual sua postura: natural ou oscilante?

Como você atua como gestor: líder, *coach* ou mentor?

Prezado leitor,

Você é a razão de esta obra existir, nada mais importante que sua opinião.

Conto com sua contribuição para melhorar ainda mais nossos livros.

Ao final da leitura acesse uma de nossas mídias sociais e deixe suas sugestões, críticas ou elogios.

WhatsApp: (11) 95967-9456
Facebook: Editora Leader
Instagram: editoraleader
Twitter: @EditoraLeader

Editora Leader.